귀의합니다

귀의합니다

1판1쇄 인쇄	2022년 9월 8일
1판1쇄 발행	2022년 9월 15일

지은이	《법보신문》 편집부
발행인	정지현
편집인	박주혜

대표	남배현
본부장	모지희
책임편집	김이한
편집	김창현
디자인	홍정순
마케팅	조동규, 서영주, 김관영, 조용
관리	김지현

펴낸곳	조계종출판사
주소	서울시 종로구 삼봉로 81 두산위브파빌리온 831호
전화	02-720-6107
전송	02-733-6708
이메일	jogyebooks@naver.com
등록	제2007-000078호(2007.04.27)
구입문의	불교전문서점 향전(www.jbbook.co.kr) 02-2031-2070

ISBN	979-11-5580-190-1 (03220)

조계종
출판사 지혜와 자비의 눈으로 세상을 바라봅니다.

대한불교조계종
제9회 신행수기 공모 당선작

귀의합니다

조계종
출판사

폭풍우 속에서 만난 또 하나의 이정표

올해로 9회째를 맞는 신행수기 공모전이지만 당선작들을 만날 때마다 얼음물을 뒤집어쓴 듯 정신이 번쩍 드는 느낌입니다. 30여 편에 이르는 신행수기와 발원문 수상작들은 부처님을 믿고 따르는 참다운 불자의 삶이 무엇인지 지심으로 생각하게 합니다. 시련과 고통 속에서 좌절하지 않고 몸과 마음으로 신심을 모아 쌓아올린 사리탑들이기에 그 울림이 더욱 크다 할 것입니다.

당선작 하나하나 귀하지 않은 글들이 없었지만, 특히 대상인 김도연 불자의 '무아로써 진아를 꽃피우리'는 특별히 감동이었습니다. 막내의 갑작스런 죽음을 어머니는 108배와 법화경 사경으로 이겨내고, 누나인 자신은 3천배를 통해 동생과 못 다한 인연의 슬픔을 승화시키는 장면에서 참 불자의 모습을 보았습니다.

올해로 3회째를 맞는 발원문도 마찬가지입니다. 발원문 부문 대상 김정자 불자의 발원문 '오롯이 회향하면서 살겠습니다'는 시한부 삶을 부처님의 가피를 통해 극복하고 나서 남은 삶을 이타적 자비행을 실천하겠다는 발원을 담고 있습니다. 감당할 수 없는 슬픔에 직면했을 때, 또는 사람의 힘으로 도저히 극복하지 못할 것 같은 시련에 다다랐을 때 이를 어떻게 극복해야 하는지, 불자의 삶을 잘 보여준 사례라 생각합니다.

옛 스님들은 굶주리고 배고파야 도를 닦고자 하는 마음이 생긴다고 했습니다. 큰 고통과 시련에 직면하면 무너지는 사람들이 대부분이지만, 이렇게 부처님을 믿고 따르는 마음으로 시련을 극복하고 참 불자를 넘어 보살의 삶으로 나아가는 사람도 있습니다.

신행수기의 당선작들은 모두 한국불교 신행의 이정표로 기록되기에 손색이 없습니다. 이처럼 자랑스러운 여정이 이제는 향기가 되어 세상을 더욱 아름답게 만들고 있으니, 한국불교의 자랑으로 삼기에 모자람이 없습니다.

코로나19가 점차 극복되고는 있지만 우리의 삶은 아직 일상으로 완벽하게 회복되지는 않았습니다. 이런 혼돈의 시절에 온몸으로 부처님의 가르침을 실천하고 이를 고스란히 삶 속에서 보여준 참다운 불자들을 만나는 것은 가물거리는 혼침(昏沈) 끝에 맞이하는 죽비와 같은, 번뜩이는 깨우침입니다.

서산 스님의 말씀에 "눈길을 걸을 때 함부로 걷지 마라. 오늘 내 발자국이 마침내 뒷사람에겐 이정표가 되리니(踏雪野中去 不須胡亂行 今日我行蹟 遂作後人程)"라는 가르침이 있습니다. 신행수기 당선작들은 폭풍우 몰아치는 겨울 산길을 좌고우면(左顧右眄)하지 않고 바르게 나아간 삶의 이정표들입니다. 그래서 그 발자국 하나하나는 보는 것만으로도 신심을 일으키는, 사리와 같은 기록들입니다.

그렇다면 우리는 어떤 삶을 살아야 하겠습니까. 시대를 함께 살고 있는 이 장한 불자들의 이야기에 잠시만 귀 기울여 보시기 바랍니다. 신심 깊은 불자의 길이, 아름다운 보살의 길이 우리를 향해 손짓을 하고 있을 것입니다.

마지막으로 이번 신행수기 행사를 위해 노고를 아끼지 않은 법보신문과 불교방송 관계자의 노고에도 치하와 감사의 인사를 전합니다. 수상자와 가족들에게 다시 한 번 축하의 말씀을 드립니다.

원행 | 대한불교조계종 총무원장

평범하지만 위대한 개인의 체험

여러분 반갑습니다.

먼저 이번 공모전에 당선되신 수상자 여러분, 진심으로 축하드립니다. 더불어 9년이라는 짧지 않는 기간 동안 공모전 개최를 위해 꾸준히 애써주신 법보신문과 불교방송 관계자 여러분, 그리고 용기 있게 자신의 이야기를 들려주신 모든 참가자분들께도 감사드립니다.

특히 올해의 신행수기 작품들은 보다 구체적이고 현실적인 신행담을 진솔하게 표현하여 부처님의 가르침을 통해 긍정적으로 변화하는 개인의 모습을 사실적으로 보여주고 있습니다. 이는 기복과 영험이 아닌 공부와 신행활동을 통해 극복한 평범한 개인의 체험으로 일반 불자들에게 보다 많은 공감을 줄 수 있는 감동으로 다가왔습니다.

더 나아가 누군가에겐 절망과 시련 속 따뜻한 위로가 되어, 삶의 지표가 되기도 할 것입니다. 이런 불자님들의 이야기가 보다 많은 이들에게 닿아 참된 신심과 가피가 이 땅에 널리 퍼지길 기대하며 다시 한 번 수상자 여러분들께 감사와 축하의 말씀을 드립니다.

앞으로도 신행수기 공모전이 더욱 발전하여 불자들의 신심고취와 바람직한 신행문화에 계속 기여할 수 있도록 발원해 봅니다. 감사합니다.

덕산 주윤식 | 대한불교조계종 중앙신도회장

독화살을 뽑고 나아가는 길

금강석처럼 단단한 신심과 별처럼 빛나는 수행의 이야기를 담아낸 제9회 조계종 신행수기 공모에서 수상의 영광을 안은 모든 분들에게 축하의 말씀을 전합니다. 한 자 한 자 써 내려간 삶의 이야기가 우리에게 전해지기까지 여러분들이 보내야 했던 그 오랜 인욕과 원력, 그리고 정진의 시간에도 찬탄과 박수를 보냅니다.

　코로나19 팬데믹의 고통에서 벗어나기도 전에 전 세계는 또다시 전쟁과 대립, 경제난의 어려움에 직면해 있습니다. 세계를 덮친 이러한 고통의 그림자는 결코 남의 일이 아닙니다. 한국불교 또한 안팎으로 엄중한 상황에 직면해 있습니다. 4차 산업혁명이라 불리는 거센 물결과 인구감소, 탈종교화라는 초유의 사태 앞에서 불교는 내부적으로 사부대중의 결속과 정법을 향한 믿음을 더욱 단단히 다지는 동시에 외부적으로는 현대인들을 이끌고 미래의 방향을 제시

해 줄 수 있는 의지처가 되어야 합니다.

이러한 때 부처님의 가르침을 되새기며 집착과 어리석음을 내려놓고 지혜를 키우고 나눔을 실천한 불자들의 생생한 모습과 경험담은 우리 사회뿐 아니라 모든 인류가 나아갈 바를 알려주는 또 하나의 이정표가 될 것입니다. 바로 조계종 신행수기 공모를 통해 드러난 불자님들의 모습입니다.

불교에서는 부처님의 말씀이나 경전을 이웃에게 전하는 행동을 '법보시'라 하여 최상의 공덕행으로 여깁니다. 불자님들은 삶을 통해 부처님의 말씀과 가르침을 실천했으며 신행수기를 통해 그것을 더 많은 이들에게 전하셨습니다. 불자님들은 이야기 하나하나는 불교가 우리 사회에 전하고자 하는 가치와 향기를 그대로 담아 보여주고 있습니다. 이 또한 법보시에 다를 바 없을 것입니다. 이 공덕으로 앞으로 인생의 한 걸음걸음마다 부처님의 가피가 늘 함께하시길 축원합니다.

모든 중생에게는 네 가지 독화살이 있어 병의 원인이 된다 하였습니다. 그 네 가지는 바로 탐욕과 성냄, 어리석음, 교만입니다. 불자님들의 수기에는 바로 이러한 네 가지 화살을 수행과 기도를 통해 뽑아내고 불보살의 길을 걸어가는 거룩한 모습이 담겨 있습니다. 때문에 이렇게 한 권의 책으로 출간되는 수기가 아직 불법에 인연이 닿지 않았거나 성취하지 못한 다른 분들에게도 포기하지 않고 정진할 힘과 용기, 올바른 길을 인도해주는 등대가 될 것이라 굳게 믿습니다.

올해 아홉 번째로 출간되는 제9회 조계종 신행수기 수상작들이 올바른 신행의 길라잡이가 되고 또한 정토세상으로 향하는 일주문이 되기를 간절히 기원합니다.

김형규 | 법보신문 대표

차례

2부

신심(信心),
깨달음으로 마음을 채우다

3부

하심(下心),
다시 마음을 비우다

지극한 마음을 내다

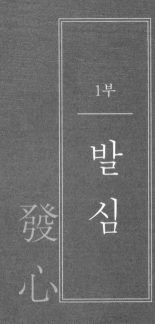

1부

발심

發心

처음 발심한 보살이 곧 부처님이다.
삼세 부처님과 평등하고,
삼세 부처님의 경계와 평등하며
삼세 부처님의 바른 법과 평등하다.

처음 발심한 보살은 삼세 부처님과
그 법과 일체의 보살, 연각, 성문과
그 행과 세간, 출세간법과 중생과
그 법 등을 언제나 떠나지 않고
오로지 깨달음을 구해
그 지혜가 걸림 없다.

《화엄경》 중에서

무아無我로써
진아眞我를
꽃피우리

—

지심화 김도연

2000년 8월 15일 밤은 아직도 생생하다. 깎아놓은 밤톨같이 예뻤던 17살 막냇동생은 장례식장 영정 사진 속에서 환하게 웃음을 짓고 있었다. 백중이었다.

나는 여름방학 내내 대학교 등록금을 마련하기 위해 대관령 고랭지 채소 농장에서 아르바이트를 하고 있었다. 그날따라 유난히 더워서 휴대폰도 챙기지 않고 작업장에서 옷이 흠뻑 젖도록 일하다 점심 먹으러 숙소에 와서야 휴대폰 전화를 확인했다. 부재중 전화가 30통 이상 있는 것을 보고도 그때까지는 그리 이상한 것을 눈치채지 못했다. 막내 이모의 전화였다. 대수롭지 않게 전화를 했더니 수화기 너머로 흐느끼는 이모의 목소리가 들려왔다.

"도연아, 왜 이렇게 연락이 안 된 거야. 우리 재원이가… 죽… 죽었대. 얼른 여기로 와."

머리에 뭐라도 맞은 것처럼 앞이 캄캄했다.

"뭐라고!!"

나는 주저앉아서 하염없이 소리 내 울기 시작했다. 곁에 있던 학교 선배의 도움으로 겨우 정신을 차리고 그길로 차를 달려 고향에 있는 병원 장례식장에 도착할 수 있었다. 장례식장 입구에서는 지장보살 염불소리가 들려왔고 익숙한 친인척들의 뒷모습이 보였다. 이모는 나를 보자마자 안고 울기 시작했다. 믿고 싶지 않은 상황 속에 어리둥절하게 장례식장 안으로 들어서자 영정사진 속에서 막냇동생이 환하게 웃고 있었다.

'아… 정말인가봐…! 이게 뭐야, 이게 뭐야… 사는 게 뭐 이래…'

다리에 힘이 풀렸다. 내가 보고 있는 상황, 장면 모두 다 거짓말 같았다. 마음껏 소리 내 울 수도 없었던 그날 밤. 나는 막내 이름을 부르며 통곡하던 어머니의 모습을 지금도 잊을 수 없다.

"아가, 아가, 거기는 아직 네가 갈 자리가 아니잖니. 아가야~ 아까운 내 새끼 예쁜 내 새끼!!"

어머니는 몇 번이나 막내의 이름을 부르다가 혼절했다. 부정하고 싶은 현실 앞에 시간은 야속하기만 했다.

우리는 삼남매였다. 내가 첫째이고 남동생이 둘이었다. 공고를 다녔던 막내는 손재주가 좋아 방학 중에 어머니 몰래 공사장을 다니며 돈을 모았다. 사고가 나기 전날까지 공사장에서 일을 하고 받은 수당을 어머니 손에 쥐어주며 예쁜 옷 한 벌 해 입으라고 했다고 한다. 가족을 위해 희생하는 어머니가 나들이복 한 벌 없이 지내는 것을 속 깊은 막내는 알고 있었다.

막내의 49재 후, 어머니는 밤마다 울부짖으며 미친 사람처럼 집을 뛰쳐나갔다. 막내가 자주 가던 동네 놀이터에서 실성한 사람처럼 울다가 동네 아주머니 손에 이끌려 들어온 게 한두 번이 아니었다. 아버지도 매일 술로 혼자 눈물을 삼키며 간신히 그 시간들을 견뎌내고 있었다. 우울증과 공황장애로 잠도 제대로 주무시지 못했다. 길을 가다가 동생이 다니던 고등학교 학생들이 등하교하는 모습만 봐도 눈물이 흘렀다. 살아도 사는 것이 아닌 시간이었다. 아무것도 달라진 것은 없는데 막냇동생만 없는 느낌. 우리 가족에게 시간은 막내를 보냈던 2000년 여름에 멈춰 있었다.

나는 대학을 휴학하고 부모님 곁을 지켰다. 느리고 단조로운 시간이 의미 없이 흘러갔다. 고된 시집살이에서도 웃음을 잃지 않던 어머니에게서 웃음을 찾을 수 없는 날이 계속되었다.

막내를 보낸 충격으로 어머니는 20킬로그램 넘게 살이 빠졌고 건강에도 이상 신호가 왔다. 알 수 없는 고열로 온몸이 땀으로 흠뻑 젖도록 밤새 앓고 있던 어머니를 모시고 병원에 갔을 때 나는 의사선생님의 소견을 듣고 깜짝 놀랐다. 어머니의 한쪽 신장이 큰 스트레스를 받아 기능을 상실한 것이다. 도대체 무슨 일이 있었냐며 묻는 의사 선생님의 물음에 나는 그저 눈물만 났다.

병원을 다녀 온 후 뭐라도 드시게 하고 싶어 상을 올리면 "자식 먼저 보낸 어미는 죄인이다. 음식을 입에 넣는 게 부끄럽다."며 음식을 입에 대지 않으셨다. 그렇게 애타게 한 달의 시간이 지나던 날 어머니가 나를 불렀다.

"남은 너희들을 위해서라도 이제 엄마 안 울게. 우리 막내 극락

왕생하라고 축원하고 기도 많이 해 주자."

그 후로 어머니는 일상으로 돌아오기 위해 노력하셨다.

매일 아침 눈 뜨면 어머니와 마주보고 108배를 했다. 슬픔이 드리워진 어머니의 텅 빈 눈동자를 보면 금방이라도 눈물이 쏟아질 것 같아 가슴이 아팠다. 어머니는 108배를 마치는 고두례를 할 때면 "내 딸로 태어나 줘서 고맙다."는 말씀을 항상 하셨다. 행복한 기억만 주고 인사도 없이 세상을 떠나버린 막내에게 하고 싶었던 어머니의 마음일 거라 생각했다.

절 수행으로 몸에 힘이 붙으면서 어머니의 건강도 차차 좋아지셨다. 어머니는 다니던 절에 다시 나가 기도를 시작하시더니 법화경 사경을 하고 싶다고 하셨다. 법화경은 워낙 방대한 경전이라 한 번 사경하려면 사경 공책을 7권이나 써야 했다. 손가락 관절염을 앓고 계시는 어머니가 걱정이 되었지만, 짬이 날 때마다 책상에 앉아 사경을 하시는 어머니의 모습이 참 좋아보였다. 새벽잠이 없던 어머니는 5시 전에는 일어나서 사경을 하셨다.

처음에는 시작할 엄두가 나지 않았지만 어머니가 사경하시는 모습에 감화가 되어 나도 따라 법화경 사경을 시작했다. 어떤 날은 법화경 속의 한 구절이 마음에 들어와 뜨거운 눈물이 멈추지 않고 흘렀다. 종이가 다 젖도록 그칠 줄 몰랐다. 왜 우는지도 모르게 눈물이 났다. 부처님을 향한 원망의 마음이 들기도 했다가 살아있다는 것만으로도 행복한 마음이 차올라 하루 종일 그 기분이 지속되기도 했다. 한번 사경을 잡으면 시간이 가는 줄 몰랐다. 7권을 다 쓰는 동안, 마음 안에서 일어날 수 있는 온갖 소용돌이를 다 경험했다. 마지막 장 발원문에는 늘 이렇게 적었다.

"누나가 해 줄 수 있는 게 이것뿐이라 미안해. 부족한 누나 많이 사랑해 줘서 고마웠어. 네가 내 동생이어서 행복했어. 사랑해 재원아."

고3 수험생 시절, 학교 성적이 떨어져 날카로워 있을 때면 막내는 맛있는 간식을 해주며 웃게 해 주었고, 무거운 물건을 항상 들어주는 누나바라기 막내였다. 받은 것이 너무 많아서 생각만 해도 가슴 한 구석이 아리고 아팠다. 할머니 할아버지를 모시고 16평 좁은 아파트에서 여덟 식구가 살았다. 무엇 하나 넉넉하지 못했던 살림이라 막내는 늘 우선순위에서 밀려났다. 유별난 시부모에, 철없는 시동생, 까다로운 남편, 사춘기를 혹독하게 겪고 있는 큰아들과 까칠한 딸까지… 누구도 어머니의 마음을 편하게 해주는 사람이 없었지만 막내는 늘 살뜰하고 속 깊은 아들이었다. 어머니의 힘든 구석을 제일 먼저 알아주었다. 어머니가 10번의 법화경 사경을 마치던 날, 어머니와 함께 사경했던 140권의 사경 공책을 다니던 절에서 소지하면서 막내의 천도재를 지냈다. 이제는 정말 막내에게 마지막 인사를 해야 했다. 한 글자 한 글자 140권에 절절하게 써 내려간 어머니와 나의 마음이 막내에게 닿기를 간절하게 기도하면서….

어느 순간, 내 마음에 문제가 생겼다는 신호가 나타나기 시작했다.

언제 어디서든 소중한 사람을 잃을 수 있다는 불안감이 엄습해 왔다. 어떤 일에도 의욕이 생기지 않았다. 어머니를 위해서는 안정된 직장을 잡아서 웃게 해 드리고 싶었는데 다른 한 편으로는 아무것도 하고 싶지 않았다. 어디서부터 잘못되었는지, 어떻게 시작해야 하는지 알지 못했다. 신심이 부족해지니 수행이 흔들리게 되었고 결국 우울함과 게으름에 빠져 부처님 염불소리만 들어도 짜증이 나기 시작했다. 보다 못한 어머니는 "마음을 잡지 못하겠거든, 몸을 먼저 다스려 보라."고 하셨고 나는 3천배를 할 수 있는 절을 찾아갔다. 큰 법당에서 많은 대중들과 함께 저녁 7시부터 다음날 새벽 5시까지 절을 했다. 막내가 살지 못했던 소중한 하루를 허비하고 있는 내 자신이 한심했다. 자정을 넘어 2천배를 넘어갈 무렵, 눈물이 북받쳐 올랐다.

'차라리, 나였으면 좋았을 텐데. 왜 네가 갔을까.'

어머니 앞에서는 꺼낼 수 없었던 마음의 소리가 여과 없이 나왔다. 참을 수 없는 감정이 일렁거리면서 무너져 내렸다.

'막내가 살았다면 나보다 더 멋지게 살았을 텐데. 이것밖에 못되는 누나라서 미안해. 너무⋯ 보고 싶어.'

3천배가 다가올수록 체력은 한계가 왔고 잠깐 잠이 들었다. 꿈인지 생시인지 막내가 8살 꼬마의 모습으로 여기저기 뛰어다니면서 나를 향해 밝게 웃고 있었다. 장난꾸러기, 개구쟁이였던 막내의 모습 그대로였다. 꿈이라면 깨고 싶지 않았다. 한 걸음 다가가 손을 잡으려고 했을 때 환한 빛이 되어 사라지면서 잠에서 깨어났다.

'아… 부처님께서 함께해 주시는구나. 여기서 이 마음을 놓아야 우리 막내가 좋은 곳으로 가겠구나!'라는 것을 마음으로 알 수 있었다. 참 신기하게도 그 후부터는 갈수록 몸은 점점 더 가벼워지고 마음은 편안해져서 3천배를 무사히 회향할 수 있었다.

사회생활은 그야말로 녹록치 않았다. 미래를 준비하지 못한 채 30대를 맞이하고 나니 치열한 취업시장에서 여지없이 퇴짜를 맞았다. 20대의 길고 긴 공백의 시간을 묻는 면접관들에게 나는 제대로 된 대답을 할 수 없었다.

그러다가 어렵사리 취업을 하게 되어 서울에 올라오면서 새로운 삶이 펼쳐졌다. 대학 시절 대불련에서 활동했던 기억을 살려 한 사찰의 청년회에 들어갔는데 고단한 서울살이에 많은 위로가 되었다. 청년회에서 만난 30대 또래 법우들과 성지순례, 방생법회, 합창단 등 함께할 수 있는 다양한 활동이 많았다. 특히 봉축 기간 동안에는 퇴근 후 장엄등 채색과 배접을 하고, 봉축의 꽃인 연희단 율동과 퍼레이드를 청년회 법우들과 함께했다. 8차선 종로를 막고 동국대 운동장에서부터 종로까지 퍼레이드를 하면서 느꼈던 희열과 감동은 마음속에 깊은 여운이 되어 남아있다. 하루도 마음 편할 날 없는 직장생활이었지만 청년회 활동을 하면서 이렇게 행복해도 되나 싶을 정도로 많이 웃고 즐겼다. 연등행렬을 마치고 종로 회향한 마당에서는 꽃비를 맞으며 국적과 나이를 불문한 다양한 사람들과 어울려 볼 수 있는 기회도 가졌다. 그래서 매년 연등회가 돌아오면 나는 조건반사적으로 가슴이 두근거린다. 환희심으로 가득했던 그날의 기억이 떠오르기 때문이다.

직장생활은 힘겨웠다. 민원업무를 하면서 시작된 이명과 어지러움이 점점 심해지더니 길에서 쓰러진 적도 있었다. 원인을 알 수 없는 하혈과 쉰 목소리가 낫지 않아 병원을 찾았더니 갑상선이 너무 커져 있어 무조건 쉬라고 했다. 결국 다니던 직장을 퇴사하고 심리상담을 받았는데 '번아웃 증후군'이라는 진단까지 받았다. 지친 것은 몸뿐만이 아니었던 것이다.

마음을 쉬기 위해 봉정암으로 혼자 훌쩍 떠났다. 어머니와 함께 철야를 했던 봉정암 부처님 품 안에서 위로 받고 싶었다. 봉정암 부처님께 올릴 공양물을 배낭에 가득 챙겼다. 등산객이 버리고 간 쓰레기를 주우며 관세음보살 정근을 하다 보니 봉정암이 눈앞에 보였다. 세수를 하고 법당에 올라 108배를 했더니 등산으로 뭉친 종아리며 허벅지가 풀렸다. 새로 정비한 봉정암 큰 법당은 아늑하고 따뜻했다. 밤새 이어지는 스님의 기도에 맞춰 기도했다. 뜨거운 환희심이 나면서 마음이 따뜻해졌다. 108배를 하는데 몸이 그렇게 가벼울 수가 없었다. 마치 곁에서 부축이라도 해주는 것처럼 가볍고 편안했다.

'버림받았다고 생각했는데 나는 선택받은 사람이구나!'

한 생각 바꾸니 마음속을 일렁이던 물결이 잔잔해졌다. 자정이 넘어 불사리탑으로 자리를 옮겼다. 사람들이 하나둘 떠나고 어스름 새벽이 오는 시간 석가모니불을 부르던 내 입술이 떨리더니 뜨거운 눈물이 쏟아지기 시작했다. 달빛을 이불 삼아 부처님을 만나는 시간, 사시나무 떨듯 추위로 움츠러들었던 마음이 사르르 녹아내렸다.

'누군가 실패라고 말할지도 모를 지금 내 상황은 그저 상황일 뿐이다. 지금 여기에 존재하는 내 모습 그대로가 삶이다.'

내 안의 지혜가 깨어나 나에게 말을 해주고 있었다. 부처님께 고백했다.

'부처님 저 지금 너무 행복해요. 제가 원했던 것을 모두 빼앗겨 보고서야 행복을 알았으니 얼마나 어리석을까요.'

행복은 찾는 것이 아니라, 순간순간 누리는 것이구나! 그동안 의심했던 수많은 의문들이 하나의 점으로 수렴하는 것 같았다. 새벽 공기는 차가웠지만 아침 햇살은 따뜻했다. 한결 상쾌해진 마음으로 오세암으로 향했다. 철야를 했지만 이상할 정도로 몸이 피곤하지 않았다. 오세암으로 가는 길에 만난 주위에 있는 모든 것들이 갑자기 입체적으로 느껴졌다. 바람에 흔들리는 나뭇잎 소리, 햇살이 반짝이는 계곡물, 정답게 지저귀는 새소리까지 마치 나에게 말을 거는 것 같았다. 점심 때가 되어 오세암에 도착했다. 그러고 보니 봉정암을 오르기 전에 가졌던 많은 생각들이 어느새 하나둘 자취를 감추었다. 따뜻한 엄마 품 같았던 오세암 부처님께 기도를 드릴 생각에 마냥 행복했다. 새벽을 여는 도량석을 들으며 상쾌한 아침을 맞이했다. 새벽 예불 후 도량을 홀로 산책하다 보니 문득 이런 생각이 들었다.

'내게 주어진 소중한 시간을 죄책감 뒤에 숨어 흥청망청 쓰지 않았던가. 정말 마음을 다해 절실하게 무엇인가 이루기 위해 노력

을 했던가.'

나는 스스로 답을 찾아가고 있었다.

석가모니불 정근을 하며 하산을 하고 보니 준비해간 쓰레기봉투 두 개를 모두 채웠다. 덕분에 혼자서도 외롭지 않은 시간이었다.

나 홀로 성지 순례를 마치고 집으로 돌아온 지 얼마 되지 않았을 때 친한 도반으로부터 연락이 왔다. 날 위해 법당에 1년 등을 달아주는 고마운 도반이었다. 도반이 있는 절에 방문했었는데 마침 3천배 철야정진을 하고 있어서 참여하게 되었다. 기도비도 내 주고 간식까지 챙겨줘서 3천배를 끝까지 회향할 수 있었다. 앞으로 나아갈 수 있도록 물심양면으로 도움을 주었던 도반 덕분에 다시 마음을 잡고 기도를 시작했다.

전 직장에서 받은 스트레스가 원인이 되었는지 나는 밤마다 심하게 가위 눌림이 있었다. 숨 막히는 공포에 사로잡힐 때면 온몸은 얼어붙은 것처럼 꼼짝을 하지 않았다. 그런데 이상하게도 지장경을 처음부터 끝까지 독송하고 나면 그날 밤은 편안하게 잠을 잘 수 있었다. 하루도 빠짐없이 꼬박 두 달 동안 지장전에서 지장기도를 했다. 묵직하고 단단한 기운이 오랫동안 몸과 마음을 감싸주었다. 삶은 나를 궁지에 몰아넣을 때도 있지만, 이렇게 다른 한쪽 문을 열어 새로운 세상으로 이끌어주었다. 억눌려 있던 솔직하고 진실한 감정을 마주하고 나니 마음속 응어리도 점차 풀렸다.

내 자신을 하찮은 잡초라 불신하며 부처님은 어디에 계실까 의심을 한 적도 있다.

사람들이 체험했다는 부처님 가피가 나에게는 오지 않는 것 같아서 시기하고 의심했던 적도 있다. 그러나 이런 나의 마음과 상관없이 부처님은 도반의 모습으로, 좋은 이웃의 모습으로 늘 내 곁을 지켜주셨다. 세상의 모든 것을 놓아버리고 싶던 날 찾아갔던 봉은사 일요법회에서 봉은사 원명 주지스님께서 해 주셨던 법문의 한 구절을 아직도 지갑에 넣어 다닌다.

"우리 마음 안에는 이 우주를 꽃으로 덮고도 남을 씨앗이 있습니다. 다만 지금껏 돌보지 않았을 뿐이죠. 지금도 늦지 않았습니다. 한 송이 꽃으로 활짝 피어나세요."

내가 지금 여기에 있는 이유가 있을 거라 생각한다. 원하는 대로 되지 않는 것이 어쩌면 내 삶을 진정으로 나답게 살 수 있는 길을 열어주는 것일지도 모른다. 나는 지금 부처님 법 안에서 조금씩 피어나고 있다. 활짝 피어나 내 주변을 따뜻하게 할 수 있는 길상인연으로 살아갈 수 있다면 그보다 더 행복한 일은 없을 것이다. 나 아닌 것, 나에게 맞지 않는 것을 모두 내려놓고 '참나'를 찾아 한 송이 꽃으로 활짝 피어나고 싶다. 나만의 빛깔과 향기로, 꿈을 품은 행복한 꽃으로, 내 삶 속에서 활짝 피어날 것이다.

포교원장상

늘 그 자리로
돌아올 수 있는
그 마음

—

법연 이동엽

삼보에 귀의하옵고
우리가 살아가는 이 세상에는 다양한 종교가 존재합니다.
그 모두가 나름대로의 소중한 가치를 지니고 있습니다.

저는 동서남북이 모두 산으로 둘러싸인 산세의, 자욱한 안개가
휘덮힌 날엔 여강에 머물던 여룡이 금강천을 오르다 높은 보금산
을 따라 하늘로 승천했다고 하는 여주 운촌리 어둔이라는 곳에서
태어나 청소년기까지 보냈습니다. '어둔이'라는 지명은 빨리 어두워
진다, 마을에 큰 인물이 나올 수 있는 동네다 하여 붙여진 마을 이
름입니다.

저는 부모님이 연로하셔서 자연스레 초등학교 3학년 때부터 농
사일을 거들게 되었는데요, 겨울에는 고지 364미터가 넘는 보금산
을 넘어서 땔감인 나무를 하루 두 번씩 하는 일, 저녁엔 큰 가마솥
에 여물과 콩잎을 가득 넣어 소에게 쇠죽 만들어 먹이는 일, 농번기
에는 못자리 만드는 일, 건기에는 우물 파는 일, 개울에 도랑 파서

논에 물 대는 일, 수박·참외·고추 심는 일, 논에 잡풀 뽑는 일, 소꼴 베어오는 일, 소 들녘으로 끌고 가서 소 풀 먹이는 일, 벼 베어서 타작하는 일, 고구마·감자·땅콩 수확하는 일, 닭장에 먹이 주는 일 등을 일 년 내내 하다 보면 학교 공부는 뒷전이었던 시절을 보냈습니다.

그 당시 우리 마을은 구부러진 외길에 잔잔한 코스모스 꽃이 피어 있는, 전기 없는 시골 오지여서 버스가 다니질 않아 20리나 되는 먼 길을 어머니께서는 수확한 농산물을 머리에 이고 읍내에 있는 장터 길가에 앉아 팔아서 생필품을 마련하며 생활했습니다.

지금 생각해 보면 고생하시면서도 저를 잘 키워주신 어머니께 감사드립니다.

동네에 학교가 없어서 마을회관에서 초등학교 1학년을 시작했는데 옥수수 죽과 옥수수 빵을 나눠 먹으며 학업을 즐겁게 했습니다. 정말 옥수수 죽이 꿀맛이었습니다.

2학년 때부터는 근처 밭에 분교가 교실 두 칸으로 신설되었고, 학년이 늘어남에 따라 교실이 한 칸씩 지어져서 6년을 줄곧 신설 분교에서 한 동네 아이들과 공부하며 지냈습니다. 거의 자연과 놀이하며 뛰어 놀고, 일과 학업을 하며 자랐습니다. 옥수수 빵을 배급받아서 가족과 나눠 먹은 것이 지금도 기억납니다.

중고등학교는 면소재지에 신설학교가 지어지는 덕분에 6년을 옆 동네에 가서 배울 수 있었습니다. 보고 자란 것이 농사일이라 농사일만 해야 먹고 사는 줄 알았습니다. 그래서 다른 직업은 생각을 못했습니다.

성년이 되기까지 작은 시골 오지마을에서 일만 해오다 보니 세상이 넓다는 것을 몰랐어요. 참 부끄러운 이야기지만 고속도로, 고속버스, 기차와 고층 빌딩, 동물원, 영화관 등을 한 번도 구경하지 못했으니 그 당시에는 '어떻게 하면 오직 대농부가 될 수 있을까?'하며 꿈을 키웠습니다.

그러던 중 군에 입대하여 병영생활을 하면서 저의 시골스러운 순수함을 예쁘게 보셨는지 부대장님께서 종종 중요한 일을 저에게 맡기시며 부탁하셨고, 그때는 잘 몰랐지만 인간관계와 상하관계에서 성실과 신뢰감이 중요하다는 걸 알았습니다.

그때 좋은 전우들과 보낸 3년은 세상이 넓다는 것을 깨달은 아주 귀중한 시간이었습니다. 그래서 병역을 마치고는 넓은 세상으로 가야겠다고 생각하고 제대할 때 주는 여비 25,000원을 받아들고는 고향 부모님을 찾아뵙고 전역 인사를 드리곤 바로 무작정 서울로 향했습니다.

연고가 없는 저로서는 청소일로 시작해서 막노동과 궂은 일 등 하루 세 시간만 자고 밤낮으로 일했습니다. 가리지 않고 일했습니다. 짬이 날 때마다 낮에는 하루 세 시간씩 틈틈이 도서관에서 공부도 했습니다. 그런데 알바로 다니던 회사 사장님이 어느 날 잠적을 하였습니다. 그 사장님 사업은 잘 되었는데 주로 도박을 좋아하고 유흥업소에서 즐기는 것을 좋아한 탓에 빚을 지고 도망을 간 것이었습니다.

그래서 그간 저축해 놓은 자금을 탈탈 털어 오십만 원 되는 자금으로 사무용품인 전화 팩스를 구입하고 광화문 근처에 네 평짜리 사무실을 얻어서 직원 세 명을 고용하고 첫 사업을 시작했습니다.

첫 사업의 슬로건은 전 직원의 주인의식화를 표방하였고, 모두가 내 일처럼 일하는 가족적인 회사를 운영한 덕분에 매달 거래처가 획기적으로 늘어나면서 서울 중심가(명동, 종로, 을지로, 퇴계로, 광화문, 시청 상권)에 중견기업(조선, 롯데, 힐튼, 하얏트 등) 및 상권 빌딩 오피스 등을 거래처로 만드는 초기의 꿈을 이뤘습니다. 일이 즐거웠습니다. IMF시대 때도 역발상을 한 덕분에 작은 성장은 계속 이어졌습니다.

그때 미래 먹거리에 대한 구체적 사업 계획서 5개년, 10개년, 30개년, 50개년 발전상을 만들어 또 밤낮을 가리지 않고 일에만 전념했습니다. 항상 고객을 생각하는 마음으로 정도를 지키며, 전문화와 다변화로 시대적 변화에 잘 적응해서 리스크 없이 원만하게 운영을 하고 있었습니다.

그런데 일에 취한 나머지 몸이 점점 힘들어지는 것을 느꼈습니다. 일을 하다보면 어찌 좋은 날만 있겠습니까? 어렵고 속이 상할 때도 많았습니다. 그러나 힘들 때 괴로울 때 마음을 나눌 수 있는 상담해 줄 수 있는 스승이 마땅치 않았습니다. 그렇게 그냥 참고 지내다 보니 피로에 지쳐서인지 몸무게가 55킬로그램으로 항상 바짝 말라있었습니다. 위장병을 달고 다녔습니다. 잠을 못 이루는 불면증 때문에 고통의 나날을 보냈습니다. 약 봉지는 늘어나고 일은 해야 되겠고 화는 자주 일어나고 고통의 나날을 보냈습니다. 정말 좋은 스승을 찾고 싶었습니다.

그러면서도 항상 고민했던 게 있습니다.
풍요롭게 사는 분들은 복이 많아서 그럴까?
일하면서도 고달프게 사는 분들은 어째서 힘들게 사는 걸까?
똑같은 세상에 태어났는데 모든 분들이 다 함께 행복하게 사는 방법은 없는 걸까?
대부분 모든 이들이 마음에 여유가 없는 이유가 뭘까?
늘 고민을 했습니다.

부처님 법 인연되기 전에는 열심히 일해서 근사한 집 짓고 멋진 옷 입고 고급 승용차를 타며 가끔 최고급 호텔에 묵으며 전 세계를 여행하는 게 꿈이었지요. 그래서 몸이 부서지도록 쉬지 않고 일했습니다. 그러던 어느 날 나를 돌이켜보니 참나는 없고 다만 일에 지친 노예만 존재한다는 것을 알게 되었습니다. 그때 저의 약 봉지가 늘어나는 것을 옆에서 지켜보던 아내가 "잠시 쉬어 갔으면 좋겠다." 고 하며 퇴근길에 사무실 근처에 있는 조계사에 들러 저녁 예불을 보고 오라고 권선해 줘서 들르게 됐습니다.
조계사 방문은 처음인지라 낯설기도 하고 안내해 주는 분도 없이 대법당 방석에 앉아 스님의 집전으로 저녁 예불을 드리며 경전을 함께 따라 읽어 내려가지는 못하지만 옆에서 절을 하면 따라하고 앉아 있는데 법당 안의 불상을 바라보고 있는 자체만으로도 왠지 위안이 되었습니다.

조계사에 다녀온 소감을 묻기에 "아주 편안해서 좋았다."고 하니, 조계사는 재가불자 교육도량으로서 커리큘럼이 잘 되어 있다며 기본교육부터 배우면서 다니면 어떻겠냐고 하여서 흔쾌히 답하니 기본교육과정 73기를 직접 접수해 주어서 하림 스님으로부터 불자의 기본교육과정을 이수 받으며 법연이란 법명과 함께 자랑스러운 불자가 되었습니다.

그 후 뜻을 같이 하는 도반들과 함께 성진 스님께 기초교리 과정인 사성제 팔정도 12연기 업과 윤회 등을 배우며 불교를 알아가는 과정에서 부처님의 진리에 조금씩 다가가는 상쾌함을 맛보았습니다. 성진 스님께서는 가르침을 위해 최소한 열 시간씩 미리 공부를 하신다는 말씀에서는 진정한 스승의 면모를 볼 수 있었습니다. 재가보살의 삶의 지침인 수계를 받고 믿음으로 진정한 불자로 살아가기로 다짐했습니다.

꾸준한 공부를 위해 강의용 인쇄물을 사무실 벽면에 쭉 붙여놓고는 틈틈이 시간 될 때마다 공부하면서 생각해 보니 "도반이 부처님이다."라는 것을 깨닫게 되었습니다. 자연스럽게 귀한 도반들과 불교대학에 진학해서는 부처님의 생애를 통해 부처님의 일대기를 알게 되었고, 불교문화를 통해서는 탑과 신앙 전래과정을, 불교입문 교리과정을 체계적으로 배우고부터는 저 자신이 무명에서 눈이 떠가는 것을 느꼈습니다. 그리고 함께한 도반들과 탁마하는 시간에는 신바람 나게 시간 가는 줄 모르고 즐겼습니다. 대학원에서는 공의 도리를, 연기법으로 읽는 불교, 유식학을 통해 마음을 다스리는 이론 공부를 통해 도반들과 함께 새로운 인연을 만들어 가게 되었습니다.

실행 공부를 다짐하며 아내와 조계사 선림원장 남전 스님께서 지도해주시는 간화선 화두를 통해 참나를 찾아가는 수행 공부를 시작으로 성철 스님의 《돈오입도요문론》, 《선가귀감》을 통해 옛 스님들의 수행방법을 자세히 공부를 마치고 나니 마음에 일어나는 현상을 알아차리고 다스릴 줄 아는 참 불자가 되었습니다.

조주 스님의 "차나 한잔 하고 가게"와 마조도일 선사의 "평상심 이 도다"라는 화두를 통해 우리의 삶을 한 번 돌아보니 옷 입고 밥 먹고 배설하고 잠자는 것이 보통의 삶이고 본모습으로 부족하지 않는데 더 갖고자 하고 비교하면서 괴로움을 느끼는 그 마음으로 무리수를 두고 성내고 욕심내고 화내고 하는 데서 괴로움이 있는 것을 알고부터는 무명이 한 꺼풀 벗겨지는 감응이 왔습니다. 슬픔 은 슬픔대로 받아들이고 인정하되 그 자신을 놓아 버리는 일, 내가 얼마나 화를 내는지 혹은 어떤 것에 화를 내는지 그리고 후에는 참회와 사과는 하고 있는지를 되돌아보고 이 마음을 항상 들고 있습니다.

한쪽으로만 기우는 삶이 아니라 늘 그 자체로 돌아올 수 있는 그 마음으로 살리라 다짐하며 부처님의 가르침을 믿고 내가 부처가 될 수 있는 존재라는 것을 믿기 시작했습니다.

참, 일상생활이 도이고 생로병사의 고를 인정하는 마음 자체를 가피로 생각하니 무명으로 인해 불면증과 위장병 탐·진·치에 시달렸다는 것을 알아차리게 되고 자연스레 치유가 되었습니다.

우선 신체의 변화가 일어나는데 체중이 70킬로그램으로 적당하게 좋아지면서 얼굴에 화색이 생기고 눈가엔 미소가 지어졌습니다. 그 어떠한 스트레스나 그 어떠한 말에도 휘둘리지 않고 참나가 자리잡고 있다는 걸 알아차렸습니다.

그러고 보니 자연스럽게 지금 하던 사업은 서울을 벗어나 제주까지 전국으로 더 확장되었습니다. 요즘은 미국, 동남아, 러시아 등과도 거래를 하고 있으니 얼마나 다행입니까?

이 좋은 부처님 가르침을 회향하기 위해 널리 포교하기로 마음먹고 7년 전부터 조계사 불교대학 총동문회 합창단에 가입해 그간 음성공양으로 90곡 정도를 전법하고 있으며, 법회 때마다 큰스님의 법문(일면 스님의 신위도원공덕묘 장양일체제선법. 본각 스님의 선재동자의 여성선지식 구법여행, 묘허 스님의 다욹게 살자. 밀운 스님의 부처님의 깨달음. 현법 스님의 답게 살자 등) 총 20여 편을 정리하여 카페 등에 내용을 올려서 많은 불자들이 마음에 신심의 씨앗을 심고 있습니다. 도반들로부터 '감사하다'는 말을 들을 때 부처님 도량에서 나도 뭔가 부처님 법을 전하는 역할을 하고 있다는 뿌듯함으로 가슴이 벅차오르기도 합니다.

한국불교의 터전을 마련하기 위해 6년 전에는 포교사가 돼서 더 봉사해야겠다는 마음으로 포교사 고시를 합격한 후 현재 조계사 포교사팀에서도 합창단을 창단 후 단장 소임을 맡아 음성공양으로 법을 전하고 있으며, 포교사팀 법회 시 스님의 법문을 정리하여 카페 등에 올려 많은 포교사들의 불심에 횃불을 밝히는 역할을 하고 있습니다.

대한불교조계종 포교원 서울지역단 서부총괄 통일팀에서는 팀장 소임을 맡아 자유를 찾아 대한민국 품안에 오신 탈북민에게 부처님 말씀을 근기에 맞게 찬불가와 곁들여 친근하고 쉽게 대중적으로 법을 전하고 있습니다.

혼자서 할 수 없는 일들을 포교사팀 단체 안에서 나의 일 너의 일을 가리지 않고 힘을 합쳐 함께 해내는 모습을 보면 나도 모르게 힘이 납니다.

일반인과 불자들에게 음성공양으로 법음을 전할 때, 큰스님의 법문을 정리하여 카페에 올려 불자들에게 불심의 씨앗을 심을 때 기쁨과 환희심으로 충만하다는 느낌은 부처님 법을 만나 삶의 기쁨과 생활의 활력이 넘쳐 고급 승용차를 타는 것보다 고급 호텔에 묵으며 전 세계를 여행하는 것보다 기쁘고 환희심 나는 일이 아닐 수 없습니다.

앞으로도 도반들과 함께 부처님 법을 음성공양으로 전하고, 스님 법문을 정리하여 기록하여 올리는 일에 앞장서고, 부처님 법을 널리 펼쳐 주변 사람들도 행복해지기를 바랍니다.

세상에서 제일 훌륭한 부모님은 부처님이었다고 생각합니다.
이 모든 것이 부처님 가르침의 결실임을 자랑스럽고 감사하게 생
각합니다.

학생회, 청년회,
신도회와 함께한
사홍서원

—

보각 박종근

불심 가득하신 어머님 따라
부처님 제자가 되다

나는 올해 73세로 1950년에 가난하고 순박한 농민의 아들로 태어났다. 아버지께서는 3남 2녀의 장남으로 태어나시어 18세에 14세인 어머니와 결혼하시어 2남 5녀를 두셨다. 첫째 딸, 둘째 딸, 셋째 아들, 넷째 딸, 다섯째 딸, 여섯째 아들, 일곱째 딸의 7남매 중 나는 여섯째 아들로 태어났다. 불행하게 첫째 누님은 결혼 후 3남매를 낳고 출산 후유증으로 돌아가셨다. 셋째 형님도 일찍 홍역으로 돌아가셨고, 바로 위 누님도 초등학교 때 물놀이터에서 돌아가셨기에 부모님께서는 매우 슬퍼하셨다.

아버님께서는 살림을 늘리기 위하여 무척 노력하셨고, 어머님께서는 시주받으러 오시는 스님의 인도를 받아 팔음사에 가서서 먼저 간 자식들의 명복과 아들을 얻기 위해 많은 기도를 하셨다. 팔음사는 경북 상주시 화동면 양지리의 팔음산 아래에 있는 작은 절이다.

이러한 부모님의 간절한 불심과 기도로 늦게 외아들로 태어난 나는 많은 귀여움을 받고 유년 시절을 보냈다.

초등학교에 들어가면서 나는 어머니를 따라 등에 쌀자루를 지고 팔음사에 다녔다. 처음으로 부처님과 주지스님께 3배를 드렸고 목탁 소리, 염불 소리, 종소리를 들었다. 그 후 절에 갈 때마다 자비로우신 주지스님께서는 "너는 총명해서 앞으로 훌륭한 불제자가 되어 큰 인물이 되겠다."라고 격려해 주셔서 나는 어느새 부처님 제자가 되었다.

청암사 비구니스님
염불 소리에 불심을 키우다

초등학교를 졸업하고 나는 집을 떠나 상주중학교를 거쳐 명문 김천고등학교에 진학했다.

1965년 초파일에 부모님을 모시고 직지사라는 큰 절에 처음 가게 되었다. 어린 시절 팔음사와는 비교할 수 없는 큰 사찰로 많은 문화재인 불상과 석탑을 보니 잠자고 있던 나의 불심이 되살아났다. 직지인심 견성성불(直指人心 見性成佛)의 의미를 알게 되었고, 직지사에서 처음 스님이 되어 승과에 합격하여 직지사 주지가 되시고 임진왜란 때 승병장으로 활약하신 사명대사를 존경하게 되었다.

고등학교 3학년 여름방학에 나는 선생님들과 성적 우수생 60명과 함께 김천시 증산면에 있는 청암사로 가서 한 달간 합숙하면서 대학입시를 준비했다. 당시 청암사는 통일신라 말 도선 국사가 세운 사찰로 조선시대 신사임당과 인현왕후가 다녀가신 유서 깊은 곳이었다. 또한, 1931년 김천중고를 세우신 최송설당 여사께서 돈독한 불심으로 많은 시주를 하신 곳이었다. 그곳에서 나는 아침 3시 대웅전에서 들려오는 비구니스님들의 청아한 염불 소리에 심취하여 주지스님께 허락받고 불자 친구들과 같이 새벽마다 대웅전에 참배했다.

삼귀의, 반야심경, 사홍서원, 예불문 순으로 외우고 따라 하면서 불심을 키웠다. 법요집을 얻어와 기초교리, 부처님 생애, 유명한 스님들의 행적을 읽으면서 불교 공부에 매진했다. 그로 인해 아침 늦잠을 자거나 수업시간에 몰래 졸거나 불교책을 보다가 선생님께 여러 번 꾸중을 듣기도 하고, 교회나 성당에 다니던 친구들의 놀림감이 되기도 했다. 그때마다 어린 시절 어머님의 간절한 기도 소리와 스님들의 당부로 더욱 불심 정진에 전념했다.

졸업할 무렵, "대학에 갈 경제적 형편도 어렵기에 승려가 되고 싶습니다."라고 부모님께 말씀을 드리니 "너는 외아들이고 집안의 장손으로 대를 이어야 하니 절대 허락할 수 없다."라고 완강하게 반대하셨다. 담임선생님께서도 "너는 앞으로 좋은 선생님이 되겠으니 등록금이 저렴한 국립 사범대학으로 가서 가정교사를 하면 충분히 졸업할 수 있을 것이다."라고 격려해 주셨다. 결국, 고민하다가 부모님, 담임선생님과 동국대 사학과를 졸업하신 국사 선생님의 당부로 국립 경북대 사범대학 역사교육과로 진학하여 가정교사를 하면서 열심히 노력하여 우수한 성적으로 졸업했다.

아내와 함께 불교학생회 청년회, 찬불가 지도의 즐거움

대학 졸업 후 공립 중학교에 초임교사 발령을 받아 2년간 근무하다가, 모교 은사님들의 간곡한 요청으로 1975년 모교 김천고 역사교사로 부임했다. 특히 세계사와 국사를 가르치면서 인도, 중국, 한국, 일본의 고대 불교사와 관련된 책으로 열심히 공부했고, 1976년 음악교사로 독실한 불자인 아내를 만나 결혼했다. 같이 가까운 조계종 사찰 관음사, 개운사, 직지사를 다니면서 5계, 보살계를 수계하고, 불명은 나는 "많은 사람들을 교육자로 깨우쳐주라"라는 보각(普覺), 아내는 "보배로운 연꽃처럼 살아라"라는 보련화(寶蓮華)를 받았다. 주말엔 주지스님을 도와 어린이들과 중고등부 학생회를 지도했다. 나는 주로 불교 기초교리와 부처님 일대기, 한국불교사 등을 지도했고, 아내는 찬불가(의식 성가)를 피아노로 가르쳤다. 당시에는 주로 한문과 목탁으로 기도, 염불, 독송 위주의 법회였다. 대부분 의식도 스님 목탁에 따라 이루어졌는데 강의와 찬불가로 하니 학생들이 무척 잘 따라주어 매우 즐거웠다.

1977년부터 김천불교청년회장을 맡아 20대 젊은 직장인들을 모아 청년불교 활성화로 사찰순례, 용맹정진(勇猛精進) 등으로 불교 포교에 적극적으로 나섰다. 인도의 독실한 재가불자 유마거사가 되자는 의미로 회원들의 불심이 담긴 작품을 모아 1983년 《유마림(維摩林)》이라는 회지를 창간했다. 또한, 사군자와 서예가이셨던 관음사 주지 송월 스님의 시화전도 열어드렸고, 개운사 학생회 창립 50주년 행사도 성대하게 공연했다. 김천 최초의 개운사 녹야유치원 건립에도 힘을 보탰다. 아내도 개운사 주지 정광 스님의 원력으로 김천 최초의 '김천불교 여성합창단'을 창단하여 지휘자로 찬불가 대중 보급에 적극적으로 나섰다.

1979년부터 나는 경북대 교육대학원에 진학하여 1982년 교육학 석사학위를 받았다. 졸업논문으로 최선을 다해 쓴 「최치원의 정치 이념과 종교관」에서 통일신라 말 최대 유학자이신 최치원 선생이 4산비명(四山碑銘)을 쓰시고 해인사, 고운사 등 여러 사찰에서 유불선(儒佛仙) 3교 융합으로 당시의 혼란을 극복하고 새로운 고려왕조 창업의 방향을 제시한 선각자였음을 밝혔다. 그 후 개신교 재단인 김천전문대학에서 3년간 교양 국사 강의를 하면서 불교에 관심 있는 대학생들을 모아 김천불교대학생회(정명회)를 개운사에서 창립하여 아내와 같이 지도했다.

포교사로서 직지사
제8교구 신도회 창립과 문서포교

1984년 나는 조계종 총무원에서 주최한 재가불자 중에서 스님을 보좌하면서 포교 활동을 지도할 수 있는 '제1기 전법사 선발고시'에 합격했다. 1차 불교 교리, 2차 염불 실기, 3차 면접을 거쳐 전국에서 30여 명이 선발되었다. 총무원장 석주 스님 임명장과 전법사 복장을 받았고, 1985년 직지사 혜창 주지스님으로부터 제8교구 상임포교사로 임명받아 직지사 학생회와 신도회를 지도했다. 그 후 총무원장 의현 스님으로부터 1987년 '중앙포교사'로 다시 임명받아 제8교구 본사인 직지사를 중심으로 포교사로 열심히 활동했다.

1970년대 직지사 일부 신도로만 구성된 직지사신도회를 넓혀 직지사가 관장하는 제8교구의 김천시, 구미시, 상주시, 문경시, 예천군 내의 50여 조계종 사찰 신도회 결성을 독려하여 각 사찰 신도회 임원 200여 명을 모아 1989년 3월 '제8교구 신도회'를 창립했다. 당시 직지사 조실 관응 큰스님, 주지 녹원 큰스님(종회의장, 총무원장, 동국대 재단이사장 역임)의 고귀한 법문을 수차례 들었고, 부주지 법등 스님의 열성적인 지도로 제8교구 신도회는 계속 발전했다.

나는 덕망과 재력을 겸비하신 이병춘 회장님을 모시고 처음 사무국장으로 12년, 부회장으로 4년을 하면서 포교사로서 초창기 회칙과 조직 정비, 직지사 상임이사회운영, 《직지회보》 발행, 《전국명찰순례행적부》 발간, 《신행수첩》 발간 등을 주도했다. 당시에는 무척 어렵고 힘든 일이었지만 대학 시절 대학신문 기자 활동과 고등학교 신문반 지도교사의 경험을 살려 문서포교에 주력할 수 있었다. 내가 작사하고 유명한 찬불가 작곡가 최영철 님께 의뢰하여 〈직지사의 노래〉를 만들었고, 아내는 직지사 불교합창단 지휘자로 직지사 관음회를 비롯한 많은 신행 단체와 제8교구 사찰 신도회 임원들에게 찬불가를 계속 지도했다. 경제력이 좋은 지역 유지들을 직지사 상임이사회로 모아 매월 1회 법회를 주도하여 상당한 보시금과 회비를 모아 직지사 불사에 많은 시주를 했다. 그로 인해 직지사 포교대상도 받았다.

자식 3남매들은 초등학교에 입학하면 반드시 직지사 어린이 자비학교에 입학시켜 모두 5계를 받고 불명을 받도록 했다. 신도들에게 5계, 보살계를 받아 지키도록 독려하고, 4무량심(자비희사), 6바라밀(보시, 지계, 인욕, 정진, 선정, 지혜)을 실천하도록 당부했다. 16년 신도회 활동 후 김천고에서 교감을 거쳐 교장으로 승진하여 학교 일에 충실하다 보니 제8교구 신도회 운영은 2005년 훌륭한 후임자들에게 넘겨주고 자문위원으로 활동했다.

사별의 아픔과 경로당, 학교, 교도소에서 보람찬 인성교육

2010년 나는 37년간의 교직 생활을 끝내고, 먼저 퇴직 기념으로 그동안의 나의 활동과 작품들을 모아 문집 《참되고 알차게》를 발간했다. 여기에는 한국불교의 역사와 진로, 사찰문화 탐방기, 여행기, 고승들의 불교사상을 많이 담았다.

다음으로 그동안 고락을 함께한 아내와 함께 해외여행을 준비했다. 아내는 남편 내조, 세 자녀 양육, 시부모 봉양을 위해 음악교사를 일찍 사직하고, 음악학원을 하면서 개운사, 직지사, 금강사 합창단 지휘자로 찬불가 보급에 헌신했다. 학생회, 청년회, 직지사 제8교구 신도회 활동을 나와 같이 지도하면서 26년 포교 활동을 함께 했다.

그러나 갑자기 찾아온 암으로 1년간의 힘든 투병 끝에 2011년 10월에 별세하고 나니 나는 너무나 세상이 원망스러웠다. 착하고 아름답게 살아왔는데 60세에 아쉽게 내 곁을 떠나니 부처님도 원망스러워 한동안 절에 가기도 싫었고, 포교 활동도 보람을 잃어 그만두었다.

사별의 아픔을 잊기 위해 오랜 옛집을 정리하고 2016년 혁신도시로 이사를 하고 아내가 못다 한 유지를 받들어 "자손들에게는 든든한 버팀목이 되고, 여생을 포교사로서 더욱 삼보에 귀의하고 사홍서원을 실천하자."라고 다짐했다. 2017년 5월 경로당 창립총회에서 초대회장으로 선출되었다. 신설아파트 경로당이라 "아무도 힘들다고 나서지 않는다."라고 하여 '내 인생의 마지막 봉사'라고 생각하고 맡았다. 온갖 어려움을 극복하고 최신시설을 갖춘 멋진 경로당을 마련해, 2017년 7월 14일 성대한 개소식을 했다.

그동안의 교육자와 불교 포교사 경험을 살려 먼저 거실 게시판을 크게 만들어 골드클래스경로당 찬가, 당훈, 지정게시물, 회원 칠순 팔순 잔치, 기념 식수, 문화탐방 사진들을 게시하여 회원 간의 단합과 친목을 도모했다. 물론 천주교, 개신교 신자도 함께 김천의 불교유적지, 직지사 사명대사공원이나 청암사 인현왕후 길로 문화탐방을 하면서 건강증진에 도움을 주고, 사찰음식 맛집을 찾아가

즐거운 식사를 같이했다.

2018년부터는 예절사, 평생교육사, 노인상담사 자격을 바탕으로 〈노인상담 재능나눔 활동〉에 참여하여, 문제학생 지도 경험을 바탕으로 경로당 노인들을 대상으로 참회(懺悔), 참선(參禪), 자자(自恣), 포살(布薩), 화쟁(和諍) 등 불교사상을 응용하여 상담을 시작했다.

상담 활동 결과 노인 개인별 문제점이 개선되고, 가족 간에 유대관계도 좋아지며, 경로당 단체 생활과 분위기가 매우 밝아지게 되었다. 회원농장의 일손이 필요할 때는 서로 보시(布施), 애어(愛語), 이행(利行), 동사(同事)의 4섭법(四攝法)으로 도와주고, 노인 일자리사업에 적극 참여를 독려하니 스스로 부양받는 노인에서, 사회를 책임지는 노인이라고 인식하게 되었다. 그로 인해 코로나19의 어려운 상황에서 한 분의 확진자도 발생하지 않았고, 개인별 소득도 높아져서 큰 보람을 느꼈다.

또한 인근 어린이집 원아들, 초중고 학생들, 교도소 재소자, 예식장 신랑 신부 하객들, 노인대학생들에게는 원효 스님의 일심(一心), 무애(無碍), 불국정토(佛國淨土) 사상과 원광법사의 세속5계(世俗五戒)를 바탕으로 화랑정신, 지눌 스님의 돈오점수(頓悟漸修), 정혜쌍수(定慧雙修), 선교일치(禪教一致), 사명대사, 만해 스님의 호국 자주 독립 사상을 중심으로 위인전 읽어주기, 동화구연 등 수준에 맞게 충효예 인성교육을 재미있게 지도했다. 천상천하 유아독존(天上天下 唯我獨尊), 발고여락(拔苦與樂), 자타불이(自他不二), 원융회통(圓融會通), 수처작주 입처개진(隨處作主 立處皆眞) 등 어려운 불교사상들은 쉽게 적재적소에 응용하여 강의했다.

70대 포교사로 국난극복을 위한
힘찬 사홍서원

아내의 왕생극락(往生極樂)을 바라는 마음에서 2020년 불교신행 수기공모전 발원문 공모에 응모하여 특별상을 받았다. 오랜만에 찾은 조계사에서의 시상식은 나에게 포교사로서 새로운 용기를 가져다주었다.

최근 2년간은 코로나로 사찰탐방과 대중 포교 활동이 어려워 집에서 불교방송이나 휴대전화 유튜브로 〈무여 스님의 아름다운 사찰여행〉을 즐겨보았다. 초파일을 전후하여 집과 가까운 상월사와 최근에 직지사 말사로 등록된 작고 아담한 송학사를 찾아 신도들에게 특강을 했다.

특히 사찰음식 전문가인 송학사 주지스님께 부탁드려 2021년 5월 나의 72세 생일 법회를 법당에서 성스럽게 마치고, 우리 가족 3남매 자손들과 정갈한 사찰음식으로 점심 공양을 했다. 또 해인사 말사로 등록된 박정희 대통령과 육영수 여사를 추모하는 인근 칠곡의 박통사를 찾아 보시도 하고 특강도 했다.

그동안의 나의 불교 신행에 대한 보답인지 부처님 가피로 2021년 12월에 장남이 삼성전자 상무로, 며느리도 부장으로 승진하고, 두 딸도 부장교사로 잘 근무하고, 손주들도 귀엽게 잘 자라고 있어서 자손들에게 항상 부처님께 감사드리도록 당부했다.

자비로우신 부처님!

지금 온 세계에 많은 고통을 주면서 생명을 빼앗아가는 코로나 19와 대통령 선거, 지방선거로 고통과 분열을 겪고 있는 대한민국 국민에게 국난을 극복하고 힘차게 일어설 수 있는 용기를 주시옵소서. 불심(佛心)으로 만나서 일심(一心)으로 정진하여 합심(合心)으로 더불어 살아간다면, 그곳은 바로 불국정토가 건설될 수 있음을 밝혀주시옵소서.

청정한 부처님 도량에서 참회, 참선, 기도, 염불, 보시를 통한 '상구보리(上求菩提) 하화중생(下化衆生)'의 지혜와 자비로운 보살행을 널리 펴도록 원력을 주시옵소서. 찬란한 불교 문화와 호국불교의 전통을 이어 화해와 치유를 통한 화쟁(和諍) 사상으로 '다시 희망이 꽃피는 일상으로' 하루 속히 돌아가고, 국민화합과 남북통일의 길을 실천하게 하옵소서.

거룩하신 부처님!

저는 지난 40년 포교 활동을 바탕으로 앞으로 노후 생활도 독실한 불교포교사로 불국정토(佛國淨土)를 건설하는 데 앞장설 수 있도록 부처님께 합장 삼배(合掌三拜)하며 사홍서원(四弘誓願)을 더욱 힘차게 발원하옵니다.

중생을 건지오리다.
번뇌를 끊으오리다.
법문을 배우오리다.
불도를 이루오리다.

나무 석가모니불!
나무 석가모니불!
나무 시아본사 석가모니불!

법보신문 사장상

세상에서
가장 무거운
옷

반야행 송병화

선택

"어두운 세상에 법등을 들고 한없이 가야 하는 포교의 길…."

어색한 음정과 박자에 고개를 끄덕이며 포교사의 노래를 읊조리던 그날, 나는 포교사 품수를 받고 제대로 부처님 제자가 되어보기로 마음먹었다. 풍성한 갈색 단복에 나의 모든 고된 삶을 감추듯 밀어 넣고 새로운 광명으로 미끄러지듯 들어갔다.

지난 8년간 선묵 혜자 스님과 '마음으로 찾아가는 108 산사 순례'를 하며 전국 사찰에서 만났던 불교문화재는 내게 매력적으로 다가왔고 불교문화해설팀 포교사가 되는 데 큰 도움이 되었다. 한달에 한 번 일심으로 부처님 계신 산사에 올라 마음속에 쌓인 찌꺼기를 비워내며 관찰했던 전국 사찰 내 모든 문화재는 이미 나의 애장품이었다. 불교문화와 문화재를 깊이 공부를 해보리라는 다짐과 함께 나는 부푼 기대와 꿈을 안고 강화도 전등사에서 불교문화해설 활동을 시작했다.

전등사는 오랜 역사를 지닌 호국불교 근본 도량으로 관광객이 많이 찾는 사찰이다. 일요일마다 도반 포교사들과 팀을 이루어 전등사를 방문하는 일은 행복이었다. "차 한 잔의 여유, 마음을 열자!"라는 배너를 절 마당 한쪽에 세워놓고 차를 끓여 방문객들에게 나누어주며 전등사와 경내 불교 문화재에 대해 열심히 설명해주었다. 대웅전 앞에서 단풍잎 같은 두 손을 합장하는 아이부터 굴곡진 삶의 계급장을 달고 어려운 발걸음을 옮기는 어르신, 타국에서 건너와 호기심으로 두리번거리는 젊은이, 종교를 초월해 방문한 교인, 신부님들에 이르기까지 다양한 사람들이 내 목소리에 귀 기울였다. 단체로 몰려오는 사람들에게 사진도 찍어주고 무심코 지나치는 사람들에게 쫓아가 사찰 안내 종이를 주다 보면 다리도 아프고 고단했다. 하지만 포교사 명찰을 달고 누군가에게 나의 앎을 나누어주었다고 생각하면 마음은 깃털처럼 창공을 날았다. 나는 노후대책으로 포교사의 길을 선택했다. 지금까지의 삶이 나와 내 가족만을 위한 것이었다면 앞으로 내 후반부의 삶은 타인에게 이로운 행을 하며 수행 정진하는 포교사로 살아가고 싶기 때문이었다.

글로 그린 마음

전등사를 가지 않는 날은 재적사찰 불교대학과 일요법회 소임을 보며 부지런히 수행을 이어갔다. 포교사로서의 보람과 자부심을 느끼며 지낸 지 2년 정도 넘긴 겨울의 끝자락이었다. 코로나19라는 바이러스가 전 세계를 덮쳐 공포의 도가니로 몰아넣었고 우리 일상까지 멈춰 세웠다. 중국을 오가며 사업을 운영하던 남편은 발이 묶여 하루아침에 실직자가 되었고 방과후 학교 강사로 활동하던 나는 원치 않는 백수가 되었다. 제행무상의 도리를 알기에 조금만 견디면 지나갈 것이라고 믿었던 코로나는 비웃듯 우리 곁에서 떠나지 않았다. 마음만 먹으면 자유롭게 사람을 만나고 밥을 먹고 차를 마시며 산과 들을 찾아 나들이하던 모든 일상은 자취를 감췄다. 밖으로 나가지 못하는 몸뚱이는 답답함을 이기지 못하고 마음을 짓누르며 괴로움을 증폭시켰다. 일자리를 잃은 남편과 나는 경제적 어려움으로 다툼이 잦아졌고 하루 살아가는 일조차 버거웠다.

코로나를 원망하고 세상을 한탄하는 시간이 길어질수록 나의 괴로움도 눈덩이처럼 부풀었다. 코로나 확산 방지를 위해 사찰 문은 굳게 닫혔고 생활 속 거리 두기는 사람들과의 관계를 한없이 멀어지게 했다. 뉴스에서 흘러나오는 확진자 소식은 마음을 불안하게 했고 발길을 더욱 강하게 옥죄어왔다. 창문을 뚫고 들어오는 아침 햇살에 떠지는 눈이 원망스러운 날이 많았고 평범한 일상은 점점 희미해졌다.

그 무렵 내 안부를 물으며 쌀 포대를 가지고 집으로 찾아와 격려해주고 간 따뜻한 손길이 있었다. 그동안 부처님께 올렸던 공양이 인연되어 내게 다시 돌아온 것 같아 눈물이 났다. 나는 혼자가 아니었다. 나를 지켜보는 또 다른 '나'가 있었기에 어떻게든 견뎌야 했다. 집 안에 갇혀서 할 수 있는 일이 많지 않았기에 나는 의도적으로 몸을 온전히 기도에 맡겼다. 유튜브로 중계되는 재적사찰의 법회에 들어가 참회 기도를 했고 불교방송에서 흘러나오는 사시불공에 동참하여 날마다 108배를 올렸다. 마음속으로 들어오지 않는 경전도 눈앞에서 놓지 않았고 포교사단에서 배부한 극복과 치유를 위한 기도 정진도 거르지 않았다. 하지만 노력만큼 마음의 평화는 쉽게 오지 않았고 나는 등대를 놓치고 망망대해를 떠도는 돛단배가 되었다.

사람과의 관계가 차단된다는 것은 고립을 의미했다. 오랜 시간 학교에서 아이들과 함께 보냈던 즐거운 기억들은 현재 만나지 못하는 아쉬움을 넘어 우울감까지 데리고 왔다. 그래도 태양은 날마다 뜨고 지고를 반복하며 6개월쯤 흘렀다. 무료함에 익숙해지고 컴퓨터와 가깝게 지내는 것이 일상이던 어느 날, 인터넷 검색 도중 지역 불교방송에서 주최하는 문예마당 원고 모집이 눈에 들어왔다. 나는 주저 없이 코로나로 억압됐던 답답하고 그리운 내 감정을 글에 실어보기로 했다. 마음속 감정에 글자를 하나씩 입히면서 번너 티끌들이 묻어 나왔다. 오염을 닦아낸 거울처럼 내 안이 훤히 들여다보였다. 마음이 전하는 소리도 들렸다. 밖으로만 나다니며 챙기지 못했던 내면의 내 모습도 만날 수 있었다. 내 안의 나는 겉으로 내보이지 못했던 많은 것들을 이야기해 주었다. 인간이 훼손한 수많은 자연과 존재의 재앙이 코로나며 그로 인해 내가 지금 갇혔고 그래서 공생해야 한다는 도리도 일러주었다. 밖에서 굳게 잠긴 문은 지혜롭게 안에서 열어야 함을 말해 주었다.

'우리'를 주제로 그려간 내 글은 "'나' 한 사람 한 사람이 모여 우리가 되고 우리는 곧 나를 품은 겹꽃이다. 홀로 핀 홑꽃보다 군락 이룬 겹꽃이 아름답고 단단하듯 '우리'가 되면 강력한 힘이 생겨 코로나도 이겨낼 수 있다."라는 것이 요지였다. 상을 받으리라는 기대는 전혀 하지 않고 출품했기에 '동상'이 내게 왔을 때는 밖에서 잠겼던 모든 문이 열리는 것 같았다. 마음이 들려주는 소리를 열심히 듣고 글로 옮긴 것뿐인데 상까지 받으니 큰 용기가 생겼다. 그래서 그 이후에도 나는 코로나를 극복하고 희망을 주기 위해 개최된 백일장과 수기에 도전하여 크고 작은 성과를 이루었다. 사람도 만나지 못하고 마스크로 입을 가려 제대로 하지 못했던 수많은 내 안의 말들은 컴퓨터 자판을 통해 문자화되었고 세상 사람들과 만나 소통했다. 글 쓰는 동안 잡념이 사라져 일념이 되었고 마음은 편안해졌다. 글쓰기가 나 자신을 치유하는 또 다른 수행과정이 될 수 있음도 깨달았다.

내친김에 나는 그동안 바쁘다는 핑계로 미루어두었던 삶의 기록을 써보기로 했다. 살아온 삶을 뒤돌아보고 앞으로 살아갈 날들에 대한 지표를 세우고자 자서전을 출판하기로 원을 세우고 실행에 들어갔다. 외출이 뜸해지고 만나는 사람이 제한되면서 밖으로 나가지 못하는 에너지는 안으로 응집됐다. 친구들과 다양한 모임의 지인들을 만나지 못하는 아쉬움은 아름다운 글로 추억의 색을 입었다. 전국 사찰을 순례하며 기록해두었던 108 산사의 기억과 간절한 기도를 다시 꺼내 마음 찾는 글로 채색했다. 정신이 더 혼미해지기 전에 내 삶을 정리하는 수행 기록으로 엮어보겠다는 나의 서원은 자서전이라는 이름으로 60번째 생일에 맞춰 세상 밖으로 나왔다.

도반

코로나로 인해 건강과 생계를 염려하는 아우성이 삼천리강산을 뒤덮어도 세상의 시간은 흘렀다. 자연의 섭리대로 봄꽃은 화사하게 피었고 불법에 대한 배움의 열망은 닫혔던 불교대학 문을 조심스럽게 열게 했다.

자가면역질환을 앓는 내가 코로나 시국에 외출한다는 것은 너무 불안한 일이었지만 재적사찰에서 운영하는 불교대학 담임 소임만큼은 피하고 싶지 않았다. 대면과 비대면으로 방역수칙을 지키며 진행했기에 마스크를 겹쳐 쓰고 수행이라 여기면서 매주 거르지 않고 출석했다.

코로나바이러스 출현 직후부터 거의 은둔생활을 하다시피 한 일 년간의 시간은 불이문을 들어서는 순간 모두 사라졌다. 그동안 내 발목을 붙잡았던 것은 코로나 전파 위협보다 마음의 불안이 더 컸다는 것을 깨닫기까지는 그리 오랜 시간이 걸리지 않았다.

휴강과 개강을 반복하면서도 부처님 법 공부를 향한 불자들의 발길은 끊이지 않았고 나의 봉사와 수행 또한 근근이 이어갔다. 하지만 안타깝게도 전등사 불교문화해설 활동은 거의 하지 못한 채 2년이 흘렀다.

그리고 올해 나는 내 뜻과 상관없이 불교문화해설팀 팀장이라는 새로운 소임을 맡게 되었다. 부담감과 중압감이 어깨를 짓누르고 무엇을 어떻게 하며 팀원을 이끌어 활동할 것인가에 대한 고민을 해보기도 전에 포교사단 일들이 쏟아졌다. 전통문화를 무시하고 불교를 매도하는 민주당 국회의원의 망언에 국회의사당 앞으로 나가야 했고 도반들과 함께하는 규탄 시위의 행렬에 끼어야만 했다. 포교사로서 해야 하는 일이 어디까지인지 고민하고 선택할 겨를도 없이 겨울바람을 뚫고 길거리로 나서야 했다. 귀중한 우리 불교와 문화는 우리 스스로 지켜야겠다는 생각뿐이었다. 칼바람이 털 코트 사이를 비집고 들어와 체온을 끌어내려도 우리의 굳센 의지는 끌어내리지 못했다.

　　나와 똑같은 단복을 입고 같은 곳을 향해 가고 있는 도반이 있다는 것만으로도 힘이 났다. 내가 그들과 무리 되어 한국불교를 대변하는 한마디를 거들 수 있으매 자부심마저 느꼈다.

　　포교사들의 항의에 이어 전국 각지 스님들도 종교 편향을 규탄하는 승려대회 참가를 위해 조계사에 모였다. 그토록 많은 스님이 집결한 것은 처음 보는 광경이어서 가슴이 뭉클했다. 질서 정연하게 운집한 스님들의 모습을 지켜보는 것만으로도 신심이 났다. 새벽부터 서둘러 왔을 스님들에게 먼발치에서나마 존경의 몸짓을 보냈다. 오랜 역사를 지켜온 우리 불교의 앞날에 광명이 비추는 것 같았다. 내가 불자인 것이, 포교사인 것이 자랑스러웠다.

자각

전국 승려대회 이후 포교사들은 또 하나 전법의 등불을 켰다. 새로운 신행 문화 확산을 위해 "전법 ON"이라는 강령을 내걸고 걷기 순례 프로그램에 동참한 것이다.

서울 봉은사에 집결한 포교사들은 "우리는 포교사, 한국불교 지킴이, 포교는 수행, 수행은 포교"를 외치고 봉은사에서 미타사까지 이어지는 허응당 보우의 길을 묵언하며 걸었다. 길 양옆 하늘 높이 치솟은 빌딩 사이로 차량이 줄지어 넓은 도로를 질주하는 가운데 흙길이 아닌 콘크리트 보도를 걷는다는 것은 쉽지 않았다. 하지만 앞쪽에 일렬로 쭉 이어져 걸어가는 도반 포교사들의 행렬을 보니 환희심이 차올랐다.

부처님의 법을 따라 한 방향으로 가고 있는 포교의 물결이었다. 점심을 먹지 않았다는 생각도, 배가 고프다는 생각도 들지 않았다. 코로나로 위축되었던 포교 활동의 불씨를 살려 다시 뭉친 불법의 물결이었다.

한참 걷다 보니 두꺼운 양말과 편한 운동화가 두 발을 감싸 안았는데도 발바닥에서 알싸한 불편함이 올라왔다. 발바닥 압통이 올라올 때마다 맨발로 종일 묵묵히 걸으셨을 부처님이 떠올랐다. 길에서 태어나 끝없는 길을 걸으며 길에서 열반하신 부처님이 지금 이 길에서 내 모습을 보고 있다는 상상을 하니 부끄러움이 밀려왔다. 막바지 미타사를 목전에 두고 동호대교를 건널 때는 세찬 강바람이 머리카락을 훑으며 사정없이 온몸을 훑어 내려갔다. 지금, 이 길을 걷고 있는 나는 누구이며 왜 이 행렬에 끼어가는지, 무엇 때문에 무엇을 위해 가고 있는지 나 자신에게 물음을 던졌다. 발바닥 감각이 무뎌질 즈음 도심 속 아늑한 비구니 도량 미타사에 도착했다. 무사히 순례를 회향할 수 있음에 감사하며 지극한 마음으로 극락전에 삼배를 올렸다.

"오호 선재라, 너는 부처님의 법을 따라가는 제자이니라."

내 물음에 답하듯 아미타부처님의 음성이 귓전에 맴도는 것 같았다.

"스스로 불자임을 자각하고 세상을 향해 한 걸음을 걸을 때마다 많은 사람이 내 뒤를 따른다고 생각하고 책임 있는 모습을 보여줘야 하는 이들이 바로 포교사들"이라는 포교원장 스님 말씀은 내 옷깃을 여미게 했다. 포교사 품수를 처음 받았을 때처럼 마음은 변함없는데 몸에 걸친 포교사 단복이 오늘따라 세상에서 가장 무겁게 느껴졌다.

나의 신행 연대기

—

자성지 송희윤

부처님! 감사합니다. 부처님 가르침을 배우기 시작하고 3년을 보낸 지금, 제가 지은 좋은 인연들을 반조하는 시간을 가지게 되었습니다. '빛을 돌이켜 거꾸로 비추어 본다'는 글자 그대로의 뜻만 가져옵니다.

어린 시절 기억에 남아있는 나의 친조모님 사진이 있습니다. 굵은 108염주를 목에 길게 걸고 계시는 모습은 실제로도 다가가기 어려웠던 할머니여서 어린 나에게는 두려운 마음이 들었습니다. 이것이 나의 신행 연대기의 첫 기록이 됩니다. 아주 평범하고 일반적인 한국의 시골 가정의 분위기와 다르지 않게 이 첫 기록은 나의 성장 환경을 지배하게 될 중요한 지점입니다.

중학교, 고등학교 시절은 모두 미션 스쿨, 즉 기독교 재단이 설립한 사립학교에서 보냈습니다. 할머니의 강한 불심이 지배하던 집안의 분위기에서 성장하였지만 나는 불교가 무엇인지 제대로 알지 못했습니다. 진학할 학교에 대한 선택권이 없었던 시절이어서 기독교

전도가 설립 목표인 학교를 다니게 된 것에 대해 묘한 반감이 있었습니다. 6년 동안 매주 꼬박꼬박 성경시간이 시간표에 자리하였고 합동예배에도 정기적으로 참석해야 했습니다. 물론 합동예배시간은 외국인 선교사의 설교를 바로 통역해주시던 고등학교 교장선생님을 보며 막연하게나마 나의 진로에 대한 희망을 가지게 하는 순기능도 있었습니다. 대학에 들어가서는 중고등학교 시절에 스테디셀러인 성경을 탐독할 수 있는 기회를 놓치고 실답지 않은 시간을 보낸 것이 아쉽다는 후회도 하였습니다. 교회에서 예배를 드렸다는 인증의 표시로 주보를 제출해야 하는 등의 수동적 활동들로 인해 기독교는 의도적으로 멀리할 수밖에 없었습니다. 그 물과 기름 같은 느낌은 오랫동안 기억에 남아있었습니다. 아무런 감동 없이 인간의 나약함에 대한 막연한 두려움만 심어준 6년의 시간이었습니다.

대학생활을 시작했습니다. 동아리 활동에서 자주 등장한 토론의 주제가 '종교란 무엇인가'였던 기억이 있습니다. 나는 그 청년 시절에는 아직은 종교를 가질 시기가 아니라고 말한 사실을 또렷하게 기억하고 있습니다. 나에 대한 무모한 자신감으로 생긴 오만함의 절정인가? 6년간의 수동적, 주입식 종교생활로 인함인가? 아니었습니다. 삶에 대한 깊은 고민과 가치관의 부재라고 생각합니다. 모교에서 교직과목 이수를 위한 교육실습을 하게 되었습니다. 모교 교감선생님의 권유로 교회를 방문하였으나 나의 마음의 문은 꼭꼭 닫혀 있었습니다.

그 무렵 나의 어머니는 집 근처에 있는 동래 법륜사라는 사찰을 방문하시고 좋은 도반을 만나십니다. 어머니를 모시고 종종 그 사찰에서 합장하고 연등을 다는 등 평범한 불자들이 하는 그런 활동을 하였지만 대신심(大信心)이 일어나지 않았는지 의미를 찾을 수 없는 행보였습니다.

사회생활 초기에는 나의 인생에 숭고한 가르침을 주는 그 어떤 성인도 없었습니다.

근무지 바로 뒤에 고산 큰스님께서 주석하셨던 혜원정사가 있었습니다. 선배의 권유로 그 사찰을 자주 방문하였고 법명을 받는 수계식에도 참석하게 되었습니다. 얼떨결에 받은 법명이 자성지(自性智)입니다. 30대 후반은 여러 가지 상황에 맞서야 하는 힘든 사회인으로서, 아내로서의 질풍노도의 시기였습니다. 어떤 인연으로 찾게 되었는지는 기억나지 않습니다만 부산진구 양정에 있는 금정불교대학에 입학하게 됩니다. 두꺼운 교재를 꽤 오래 간직하다가 얼마 전 책을 열어보니 어려운 내용이 담겨 있습니다. 이론 수업 내용은 기억나는 바가 없지만 현장학습으로 경주 남산 순례를 남편과 함께 참여하였던 기억이 있습니다만 졸업은 하지 못했습니다. 양정 금정불교대학은 그냥 삶의 도피처로서 찾은 하나의 방편이었습니다.

한편 셋째 언니가 범어사 청련암에 다녔던 인연으로 양익 큰스님을 친견할 기회를 자주 얻었습니다. 스님께서는 천지팔양경과 지장보살 정근을 열심히 하라는 말씀을 주셨습니다. 나의 아들을 보시고 "저놈 두상이 나를 닮았어!" 하시면서 웃음과 함께 축원을 해

주셨습니다.

범어사 일요법회에 가족과 함께 자주 동참하였고, 나는 법문을 듣고 가족들은 원효암이나 계명암까지 다녀오곤 했습니다. 시어머니께서는 범어사 원효암에서 토요일마다 밤샘 철야정진을 하셨습니다. 지유 큰스님의 《수심결》이나 《혈맥론》 강의가 담긴 녹음 테이프를 늘 나에게 건네어 주셨지만 들어도 무슨 내용인지 잘 이해하지 못했습니다. 지금 생각하면 돌아가신 시어머니께서 자식들에게 보여주신 남다른 냉정함은 자식들에 대한 집착에서 벗어나기 위한 수행의 방편이었던 것 같습니다. 어떠한 요구도 하지 않으시며 혼자서 섬이 되어 등대를 지키는 그런 어른이셨습니다. 저로 하여금 부처님의 가르침에 조금씩 다가가게 해 주신 시어머님께 감사드립니다. 학교 관리자로 발령받은 곳이 부산 초읍에 위치한 선암사 근처에 있었습니다. 선암사에서 난생 처음으로 기와 불사를 올리며 근무하게 될 학교의 무탈함을 기원하는 축원문을 썼던 기억이 있습니다. 그때가 부처님께 성큼 다가가게 된 그런 순간이라고 여겨집니다.

퇴직 후 생활

정년을 두해 반 앞두고 직장에서 퇴직하였습니다. 공직에서 36년을 근무하며 퇴직 즈음에 가장 그리워한 것이 자기 주도적 삶을 사는 것이었습니다. 제2의 삶을 실답게 살며 세상과의 소통을 위한 아주 실리적인 인연으로 대한불교조계종 디지털 불교대학을 찾아

입학하였습니다. 그 과정을 수료하기 위해서는 봉사활동 결과를 제출하고 사찰에서 템플스테이 체험을 해야 했습니다. 이리저리 검색하다 부산 시내에 있는 홍법사와 일정이 맞아 신청하게 되었습니다. 템플스테이 프로그램에는 주지스님과의 차담이 있었습니다. 퇴직 후 10년간 제2의 삶을 의미 있게 보내고 싶다는 원을 말씀드리니 스님께서는 국제포교사의 길을 안내해주셨습니다. 그리고 홍법불교대학 입학도 권하셨습니다.

홍법사를 방문하신 린포체 한 분을 안내하는 귀한 시간을 얻었던 때가 있었습니다. 린포체께서 'Heart Sutra'라고 말씀하실 때 나는 그것이 《반야심경》이라는 것을 바로 알아차리지 못할 만큼 지식이 부족했습니다. 글로벌 포교에 대한 의지가 아주 강하신 재적 사찰 주지스님께서 나에게 새로운 길을 열어주셨습니다. 주지스님의 법문을 단 한사람의 외국인에게라도 알려주는 역할을 할 수 있도록 공부하겠다는 원을 세웠습니다. 주지스님께서는 '홍사홍사'라는 SNS 채널을 운영하시며 매일 아침 짧지만 감동적인 법문을 사진과 함께 공유해 주십니다. 코로나19로 신행활동이 제한을 받았던 2020년에 나는 나의 서원을 원만히 이루기 위한 준비로 그 법문을 영어로 옮기는 수행을 하였습니다. 개인 블로그를 만들어 그 자료를 하나 둘 탑재하기 시작하였습니다. 단 한 명의 관심 있는 불자라도 나의 블로그를 읽고 불교를 접할 수 있게 되기를 기원하였습니다. 리틀 미스인디아 대회 우승자가 홍법사를 방문하였을 때 그들에게 부산을 알리고 홍법사를 설명하는 커다란 소임을 주셨고 원만히 이행하였습니다.

무엇보다도 내가 재적사찰에 빠르게 적응하여 신행활동을 할 수 있었던 것은 홍법사 템플스테이 봉사 소임이 있어 가능하였습니다. 코로나19 이전에 템플스테이에는 적지 않은 외국인들이 방문하였습니다. 템플스테이 법사이신 유진 스님께서는 차를 통하여 마음챙김을 가르치셨습니다. 외국인에게 다도를 설명하고 스님의 알아차림 명상을 따라하도록 안내하며 초보 불자인 나는 하나씩 배우기 시작했습니다. 활동적인 가운데 알아차림이 일어나도록 지도하시던 법사스님과의 인연의 깊이를 가늠해보곤 합니다.

국제포교사가 되어 새로운 커뮤니티에 속하게 되었습니다. 이 역시 상(相)을 없애고 우뻬까의 마음을 가질 수 있도록 끊임없는 수행을 요구하는 환경입니다. 국제포교사회 부울경지부와 인연을 맺고 공부를 하며 불교영어 강독회를 알게 되었습니다. Ultimate Science 라는 부제의 아비달마관련 서적을 함께 읽는 모임에 참여하게 되었습니다. 아비달마의 '찌따'와 '제따시카' 등을 분석하며 그것이 2,600여 년 전에 설해진 말씀이라는 사실이 경이롭기만 하였습니다.

기복을 위해서라도 부처님을 찾는 것이 찾지 않는 것보다 낫다는 무비 스님의 말씀에 위로를 받았습니다. 외국에서 고군분투하고 있는 아들의 취업과 안녕을 위해 무작정 기도 발원을 하였습니다. 홍법사 4층 적멸보궁에서 신묘장구대다라니 21독을 시작하였습니다. 자동차 시동이 걸리고 주행을 하듯이, 해야 한다는 의무감에 눌리지도 않고 2021년 6월에 입재하여 11월에 회향하였습니다. 회향을 한 후에야 기도의 시작은 기복이었으나 결국은 나의 수행이 되었다는 것을 알았습니다.

외부인으로서 바라보며 짐작하던 사찰에서의 커뮤니티 속성은 구성원이 되고서 더 확실하게 체감하게 되었습니다. 신행활동이라는 목적으로 모여서 활동을 하는 사찰에서의 조직은 그 구성원들의 근기가 다양하고 이상(我相)이 아주 두터울 뿐 아니라 배타적이기까지 합니다. 구성원들과 함께 신행활동을 하며 나의 이상(我相)을 없애고 나의 근기에 맞는 수행방법을 찾는다는 서원으로 성실하게 참여하고 있습니다. 경전이라고는 가장 대중적인 《반야심경》을 겨우 알았을 뿐이었던 나는 국제포교사 자격고시 공부를 하며 알게 된 부처님의 제자 주리반특을 늘 떠올립니다. 부처님 가르침을 향해가는 나는 우상향 직선으로 뻗어나가는 듯한 느낌을 받으며 혼자 흐뭇해하며 미소 짓기도 합니다. 법상(法相)조차도 버리라고 가르치시는 부처님의 말씀에 따라 아상(我相)이라도 버리자고 매일 매일 조금씩 기도합니다.

가장 가까운 도반과 함께 천주(千珠)를 구했습니다. 매일 아침 관불수행이나 염불수행을 하기로 하였습니다. 눈을 감고 관세음보살 정근을 하면서 마음을 집중하고 한 곳을 응시하면 부처님의 '니미따'가 눈앞에 나타납니다. 원숭이 마음이 되고 산란하면 부처님 모습은 볼 수가 없습니다. 위빠사나 수행이나 까시나 수행을 잘 모르더라도 마음을 챙기고 집중하면 그것이 바로 수행이라는 것을 알 수가 있으니 감사할 따름입니다.

학생을 가르치는 소임을 마치고 나니 제2의 삶을 부처님 가르침과 함께 하고자 하니 재능기부를 할 기회가 곧잘 생깁니다. 27기 국제포교사 자격고시를 위해 부울경지부가 마련한 특별교육과정에서 중국불교사를 4시간 강의할 기회를 얻었습니다. 2021년 12월에 할 강의를 위해 8월부터 공부를 하였습니다. 계환 스님의 동국대 불교 아카데미 강의 영상자료와 중국불교 책, 자현 스님의 중국불교 관련 서적과 온라인 강의를 기초로 강의 준비를 하였습니다. 이 또한 부처님의 가르침을 제대로 알기 위한 여러 가지 방편 중의 하나라 여기고 임하였습니다.

초기불교, 대승불교, 티베트불교 등 불교사를 배우며 익힌 말들인데 우리의 불교는 통합불교를 지향한다고 알고 있습니다. 내가 하는 수행이 그 무엇이든 꾸준히 마음의 고향인 재적사찰에서 주지 스님의 가르침을 따르면 된다고 생각합니다. 다라니기도에서나 법회 시 잠시 명상의 시간을 주십니다. 그때 사용하시는 불구가 붓다볼입니다. 싱잉볼로 일반에게 알려진 명상을 위한 도구입니다. 새벽 종송, 목탁, 염불 등 사찰의 의식은 소리가 반드시 동반됩니다. 소리의 파장과 우리의 에너지가 동화되어 명상을 하며 몸과 마음이 하나가 되게 합니다. 그 싱잉볼 치유의 소리를 최근에 만나게 되었습니다. 그 시작은 역시 나의 기본 소임인 외국인 참가자를 위한 안내 역할이었습니다. 외국인에게 싱잉볼을 안내하기 위한 사전 지식을 얻는 공부를 하며 그 소리의 깊음에 매료되었습니다. 나의 신행의 방편이 이제야 싱잉볼 수행에서 자리를 잡았다는 주지스님의 말씀에 힘을 얻었습니다.

89가지 마음을 배우며, 어떤 대상이나 상황에 작용하는 나의 마음이 무엇인지 거울에 비춰지며 그것이 선한 마음인지, 불선한 마음인지 아니면 기쁨이 동반되어 들뜸이 있는지, 평온함을 유지하고 있는지를 어렴풋이 알 수가 있습니다. 부처님의 가르침은 현대 과학과는 대적할 수 없는 경지인 것 같습니다. 가장 합리적이고 가장 자기주도적인 수행을 통해 깨달음을 얻도록 길을 안내해 주는 이 위대한 법을 만난 것으로 지난 생이나 현생에서 지은 선업이 없지 않구나 하는 생각을 해봅니다.

교리의 가장 초보단계에서 중생을 향한 사무량심을 가지도록 가르침을 받았습니다. 항상 참다움은 멀리서 찾으려하지 않고 가장 가까운 데서 얻어야 한다고 생각합니다. 자(慈)무량심으로 모든 생명을 사랑하는 마음을 가지는 것은 아직 요원하나 반려동물을 정말 싫어하였는데 점차 그들과 눈을 맞추며 다가가려는 마음이 생깁니다. 비(悲)무량심이 생기는지 집에 함께 사는 남편이 그렇게 서로 경쟁하며 대적하였으나 이제 그가 측은하게 여겨지는 것입니다. 가장 어려운 것이 희(喜)무량심을 갖는 것인 것 같습니다. 모든 생명체와 모든 일들에 대하여 더불어 함께 항상 언제 어디서나 기뻐하지 못하고 있습니다.

천주교도인 아주 가까운 지인이 있습니다. 그녀는 사물을 객관적으로 보는 우뻬까 마음을 지니고 있으며 타인이 공덕을 짓거나 과거의 인연으로 복을 받음에 대해 기꺼이 기뻐할 줄 압니다. 그런

그녀를 보며 희(喜)무량심을 배웁니다. 자비희(慈悲喜)를 가지는 것 조차 버리고 평정심을 유지하는 것이 사(捨)무량심 훈련이라고 합니다. 다른 사람을 자기와 대립하는 존재로 한다면 그들이 지은 공덕을 기뻐할 이유가 없습니다. 다른 사람을 다른 사람으로 보지 않고 나와 동일한 생명체라는 깊은 믿음이 있어야 가능할 것입니다. 아무리 생각해도 버림의 철학이 불교인 것 같습니다.

아직 아무것도 알지 못하지만 분명한 것은 내가 추구하고자 한 자기주도적 삶처럼 깨달음에 이르는 길은 철저히 나의 몫이라는 것입니다. 부처님께서 열반하실 때 주신 '자기 자신을 등불로 삼고 가르침을 섬으로 의지하라.'는 말씀에서 더 확신을 가집니다. '나는 불성을 가진 중생이다.'라고 부처님께 배웠습니다. 중생인 줄 알고 거듭되는 윤회에서 벗어나기 위해 무명을 밝혀야 한다고 선지식들이 일러 주십니다. 내가 읽은 경전의 말씀이 화엄사상인지 천태사상인지 혹은 대승불교의 가르침인지 초기불교의 교리인지 등을 분별하는 것이 얼마나 의미가 있을까요? 가장 간단하지만 가장 깊은 철학입니다. 오직 네 가지 성스러운 진리를 알고 고통을 멸하는 길인 팔정도 중의 정견부터 닦으며 살아가고자 합니다.

변하지 않는 것은 아무것도 없다는 무상의 진리는 육순이 지난 나에게 정말 위안을 주는 가르침입니다. 새로 도배한 거실의 벽지에 얼룩이 생깁니다. 계속 무결하게 유지될 것이라 어리석게 기대한 마음이 상합니다. 그 좋지 않은 마음이 일어날 때 얼른 제행무상(諸行無常)을 떠올립니다. 제행무상의 가르침을 제대로 이해한다면 현재의 고통이나 미래에 대한 막연한 두려움을 없앨 수 있는 그야말로 만병통치약이며 가장 유능한 정신과 의사의 처방이 될 것입니다.

가랑비에 옷을 적시듯 벌써 부처님의 가르침을 공부한 지 4년째가 됩니다. 불법은 이론이나 관념에 있는 것이 아니고 현실적이며 구체적인 행에 있다고 합니다. 불법이 아무리 교학이 정연하고 그 세계가 찬란하더라도 구체적인 창조행이 없다면 타방세계의 화려한 장엄에 그칠 것이라는 어느 스님의 말씀을 떠올립니다. 오늘날 적지 않은 사찰들이 승가에 대한 보시만을 중시하는 경향이 강한 것 같아 아쉬움이 있습니다. 나에게 주어진 소박한 재능을 필요로 하는 곳에서 구체적이고 창조적인 신행활동에 동참하여, 부처님 가르침 속에서 내가 아는 모든 이들이 안락과 행복을 찾을 수 있도록 노력하겠습니다. 부처님! 고맙습니다.

행_行,
두 번의 용기

—

묘산 김승희

2017년, 24살인 저는 허리와 목에 디스크가 심해져서 재학 중인 목포해양대학교를 자퇴했습니다. 고등학교 때부터 바다에 대한 꿈을 키우며 고된 입시 생활을 버텼고, 원했던 학교에 입학해서 일상에 만족하던 중 찾아온 건강 문제는 고통스러웠습니다. 조금만 앉아 있어도 허리가 끊어질 것처럼 아픈 통증도 힘들었지만 더 무서운 건 지금의 고통이 잠깐의 성장통에 멈추지 않고 영원히 저를 괴롭힐 수 있다는 점이었습니다.

통증이 지속될수록 청춘의 패기와 긍정적인 에너지는 사라지고 부정적인 생각만 남아 저를 지배했습니다. 그렇게 1년간 병원에 다니다가 의료진의 조언에 저는 결국 체력이 많이 요구되는 해양대학교를 자퇴할 수밖에 없었습니다. 자퇴서를 대학교 행정실에 제출하고 들어오고 싶었던 교문을 스스로 나갈 때 눈에서 떨어지는 눈물들을 애써 닦지 않았습니다. 관계에서 오는 스트레스도 아닌, 꿈과 현실에서 오는 괴리감도 아닌, 노력으로 할 수 없는 건강 문제로 스스로 학교를 나와야만 했습니다. 게다가 학교를 자퇴하고 나왔지만 돈도, 기술도 없는 상황이라 사막 한가운데 떨어진 것처럼 막막했습니다. 부모님과 주위 어른들도 "젊은 애가 그걸 못 견디니…"라고 저에게 공감보다는 핀잔을 주셨고, 주변 사람들도 컨디션이 안 좋은 저를 서서히 떠나갔습니다. 사람이 떠나는 것보다는 스스로 고립되는 게 낫다고 생각해서 휴대폰도 정지시킨 뒤 아무도 만나지 않고 병원만 다녔습니다.

그 기간 동안 자신을 스스로 비관하며 불평불만하며 허송세월하였습니다. 〈라이프 오브 파이〉 영화처럼 작은 구명보트 하나에 몸을 의지하며 거친 바다를 견디며 생존하는 느낌이었습니다. 가장 활발하게 활동해야 할 20대에 집에만 있는 저를 답답해하시던 부모님은 저를 아버지와 친분이 있는 스님과 차담 시간을 마련해 주셨습니다. 그 자리에서조차 스스로 비관하며 자기 연민에 빠져 우울해하는 저를 보며 스님께서는 자기 수양과 신체가 건강해지는 108배, 그리고 바른 호흡을 통해 정신이 맑아지는 명상을 알려주셨습니다. 추가로 시간이 많았던 제게 언제든지 찾아와서 물어봐도 된다고 말씀해 주셨습니다.

자유 시간이 정말 많았던 저는 틈틈이 명상과 108배를 하면서 스님의 말씀을 반신반의하며 행동으로 옮겼습니다. 매일 아침 명상으로 시작해서 명상으로 마치자 깊은 우울증에 빠진 정신도 정상으로 돌아왔고, 매일 108배를 실천하니 몸의 근육들이 유연해졌고 체력이 붙는 게 느껴졌습니다. 이제 작은 일을 할 수 있다고 생각해서 오전 편의점 아르바이트에 도전했고 그 돈으로 병원비와 용돈을 벌었습니다. 그렇게 돈을 벌면서 진로에 대해서 고민해 보았습니다. 디스크가 심한 상황 속에서 어떤 직업을 통해 남은 삶을 영위할 수 있을까. 현실의 상황에 낙담하고 주저앉는 것이 아닌, 현실의 상황을 인정하고 최선의 전략을 찾았습니다. 앉아 있는 것이 특히 힘들었던 저는 서서 하는 직업을 찾았고 누군가에게 설명하는 걸 좋아하는 특성상 영어학원 선생님이 매력적으로 다가왔습니다. 그렇게 1년의 자유 시간을 이용해서 전남대학교 영어영문학과에 18학번으로 늦깎이 신입생이 되었습니다.

학교에 들어오니 전남대학교는 기존에 다녔던 해양대학교와 다르게 크기도 거대하고 동아리도 정말 많았습니다. 어떤 동아리를 들어갈지 고민하면서 동아리 홍보 글을 찾다가 불교동아리를 발견했습니다. 불교동아리를 발견하자 저를 구렁텅이에서 꺼내주신 스님이 생각나서 강한 끌림으로 전남대학교 불교동아리에 입회했습니다. 한국사와 동양철학에 관심이 많아서 불교의 위대함과 파급력을 알고 있어서 더 공부하고 싶었고, 동기보다 늦은 대학교 생활을 불교라는 종교를 통해서 위로받고 성장하고 싶었습니다.

앞으로의 대학 생활에 대한 보랏빛 기대를 안고 동아리에 들어왔지만, 인원은 10명이 되지 않았고 프로그램도 부재했습니다. 그 적은 인원에서도 다음 해에 성균관대학교로 떠나는 인도 여성(알차나)이 회장이었고 한국인보다 외국 교환학생들이 많았습니다. 저는 그 기간에 사람들과 친목을 다지기보다는 동아리방에 비치된 불교 서적을 읽거나 유튜브를 통해서 스님들의 강연을 많이 접하며 불교에 귀의했습니다. 그렇게 18년도가 흘렀고 인도 회장(알차나)은 예정대로 성균관대학교로 떠났고 저에게 19년도 회장 역할을 부탁했습니다.

회장 부탁을 수락한 저는 '불교란 무엇인가' 스스로 생각하며 어떤 동아리를 만들지 고민했습니다. 불교 인구가 부족한 광주에서 어떻게 하면 불교 포교의 바람을 만들 수 있을까. 불교와 다른 종교의 차이점은 생각해보니 '귀의'라는 단어가 떠올랐습니다. 유일신을 믿는 타 종교에서는 신에 대한 믿음이 핵심이지만 불교는 불교를 '믿는다'가 아닌 '귀의했다'라는 표현을 사용합니다. 믿음이 시작과 끝인 타 종교와 다르게 불교는 믿음에서 끝나지 않습니다. 신(信), 해(解), 행(行), 증(證)의 종교인 불교는 먼저 부처님의 가르침을 믿고, 그 가르침의 의미를 잘 이해하여, 그것의 행을 실천함으로써 부처님과 같은 깨달음을 증득하는 종교입니다. 이제 불교에 귀의한 20대 중반인 제가 잘 할 수 있는 부분은 '행(行)'이라고 믿고 핵심 두 가지 원칙을 세웠습니다.

1. 봉사 활동(사찰 봉사, 지역 아동 대상 봉사, 저소득층 대상 봉사 등등)
2. 수행 활동(참선, 템플스테이, 사찰 답사 등등)

제가 먼저 좋은 사람이 돼서 학교에 좋은 영향력을 펼치면 사람들이 저를 보고 동아리에 들어올 것이라 생각했습니다. 그렇게 한 명씩 한 명씩 모여 좋은 사람들로 동아리가 채워지고 그 착한 집단이 거대한 태풍으로 성장해서 긍정적 에너지를 학교 또는 지역 사회에 전해주고 싶었습니다. 뿌리 깊은 나무로 성장해서 호남 청년 포교의 중심으로 전남대학교 불교 동아리가 든든하게 자리를 잡을 수 있는 설레는 상상을 하며 매일 밤 행복하게 잠들었습니다.

좋은 마음을 먹자 부처님의 가피로 놀라운 일들이 선물처럼 찾아왔습니다. 봉사활동 중 만난 정응 스님께서는 전남대학교 동아리방을 자신의 사비를 사용해서 예쁜 카페처럼 리모델링해 주셨습니다. 스님은 바쁘신 와중에도 시간을 할애하셔서 1주일에 한 번은 꼭 전남대학교를 직접 오셔서 저를 격려해 주시고 동아리를 바른 방향으로 이끌어 주셨습니다. 스님께서 좋은 리더십을 보여주시자 동문 선배님들도 동아리를 많이 후원해 주셨습니다. 그 덕분에 회원은 10배 가까이 늘어서 100명에 이르렀고 여러 불교 언론사에서 취재를 요청할 만큼 전남대학교 동아리는 활성화되었습니다.

저희 동아리가 전남대학교를 대표하는 대규모 동아리로 성장하자 한편으로는 불안감도 들었습니다. 오랜 전통과 역사를 가지고 점진적으로 성장했다면 제가 떠나도 동아리를 이끌 사람들이 많아 안심이지만, 1년도 안 되는 사이에 엄청난 성장을 거듭했기에 내실이 부족한 부분도 많았습니다. 그 가운데는 제 임기 내 동아리를 확실하게 성장시키고 싶다는 생각에 앞만 보고 달리는 경주마 같은 부분도 있었음을 자책합니다. 돌아보면 후회가 많았지만 그건 다음 임원진 몫으로 남겨두고 저는 홀가분하게 회장에서 동아리원으로 복귀하고 20년 임원진이 동아리를 잘 이끌어주길 기대했습니다. 하지만 상황은 제 기대와는 많이 다르게 흘러갔습니다.

　동아리는 최근 심해진 젠더 갈등으로 남녀 간의 불화가 심했고, 새로운 회장은 우울증으로 고향으로 내려갔고, 부회장은 다시 수능을 보겠다고 동아리를 떠났습니다. 더군다나 그 해는 지금까지 지속되고 있는 코로나19의 공포가 시작되는 해였습니다. 학교는 문이 굳게 닫히고 동아리방 출입이 금지되었습니다. 오프라인 활동은 진행할 수가 없는 상황에서 리더를 잃은 동아리는 빠르게 무너졌습니다. 당시 저는 훈련소에 입소 후 사회복무요원으로 군 복무를 해결하고 있었는데 교수님과 스님께서는 제게 다시 동아리를 이끌어달라고 간곡히 부탁하셨습니다. 20대 후반의 나이에, 재학생도 아닌 신분에서 과연 동아리를 잘 이끌 수 있을지에 대한 고민이 많았습니다. 게다가 누구나 당황하고 예측할 수 없는 코로나19 팬데믹 상황이라면 말입니다. 하지만 제 대학 생활을 바친 동아리가 이렇게 무너지는 것을 그저 바라만 볼 수는 없었고 저는 두 번째 용기를 내었습니다.

　사적 모임 금지인 상황에서 동아리가 나아갈 방향은 오직 온라인이었습니다. 온라인 활동을 크게 세 가지 방향으로 나눴습니다. 온라인 법회, 독서 모임(인문학), 수행 소모임. 매주 스님과 함께 줌으로 동아리 회원과 한 시간씩 대화를 나눴습니다. 명상, 마음 나누기, 근황 이야기, 불교 공부 등등. 처음에는 온라인으로 대화를 나누는 점을 어색해했지만 시간이 흐를수록 서로의 대화에 집중하는 모습을 볼 수 있었습니다. 독서 모임은 교수님과 스님의 도움으로 2달에 1권의 책을 함께 읽었습니다. 매주 일요일 각자의 집에서 화상 회의를 하며 정해진 분량까지 독서를 마치고 책과 인생에 대한 깊은 대화를 나누며 일주일을 마무리했습니다. 마지막으로 수행 소모임은 코로나19로 우울과 불안이 심해진 시대를 불교를 통해서 극복해보고자 만들었는데, 불교 경전을 매일 쓰면서 불안한 청춘을 응원하는 시간을 가졌습니다. 그렇게 21년까지 동아리 회장 역할을 수행했고 코로나19 후 한 자리 숫자였던 회원은 다시 50명대로 증가했습니다.

정부의 거리두기가 해제되면서 다양한 주제의 템플스테이, 다른 대학 간 연합 활동도 진행하면서 동아리는 더욱 끈끈해졌습니다. 처음 실수를 반복하지 않기 위해서 저는 동아리를 키우면서도 내실을 다지기 위해서 노력했고 이제 동아리는 쉽게 흔들리지 않을 만큼 튼튼해졌습니다. 그렇게 2022년 새로운 회장에게 동아리를 넘겨주고 저는 광주 지부장 역할을 수행하면서 남은 군 복무를 수행하면서 취업을 준비하고 있습니다.

그러던 중 최근 화사하게 핀 벚꽃처럼 좋은 소식이 제게 들려왔습니다. 조선대학교 창립 법회가 자비신행회에서 4월 16일 진행되고, 저를 그 행사에 초대해 주었습니다. 조선대학교 회장을 2021년에 만나 직간접적으로·도왔던 제게는 너무나도 기쁜 소식이었습니다. 광주여대, 광주대학교도 교내 불교동아리를 만들기 위해 노력 중인데 조선대학교처럼 좋은 성과를 맺기 위해서 더 노력해야겠습니다.

두 번의 용기 있는 행동으로 저는 더 좋은 사람이 됐고 이상적인 불자의 모습으로 한 걸음 전진할 수 있었습니다. 그 행동은 단순히 저만 변화시킨 것에 멈추지 않고 호남 청년 포교의 밀알이 되었음에 부처님의 은혜에 감사한 마음입니다. 앞으로도 부처님의 가르침을 몸과 마음에 깊이 새겨 불자답게 행동하고 호남 지역 불교 확산을 위해 주어진 소임을 다하겠습니다.

오늘도
부처님께
기도합니다
—

금강성 박현주

말기 암 판정에도 의젓하게 생사가 여여하니 슬퍼하지 말라며 내가 죽으면 울지 말고 노래를 불러달라던 남편이 세상을 떠난 지 벌써 6개월이 넘었습니다. 말기 암이란 것을 자녀들에도 말하지 않고 수술이나 항암치료를 거부하고 1년을 넘게 평상시와 다름없이 생활하던 남편. 수십 년을 손잡고 다니던 원각정사 법회가 코로나로 멈추고 난 뒤 1년 넘게 가지 못했는데 오늘 다시 법회가 진행되어 참석했습니다. 매주 일요일 아침이면 막내아들이 데려다 주고 끝난 뒤엔 넘어지면 다친다며 항상 손을 잡아주던 남편이 없이 처음으로 혼자 버스를 타고 돌아왔습니다. 택시를 타고 다니라고 준 아들의 카드로 버스카드를 충전하려고 했더니 버스카드는 현금만 된다고 합니다. 버스카드도 항상 남편이 충전해 주었기에 생각도 못했습니다. 아낀 택시비로 충전하려던 계획은 물거품이 되고 이왕 들어온 가게를 그냥 나가기 미안해서 2만 원을 충전했습니다. 이럴 때마다 남편의 빈자리가 크게 느껴집니다.

월주 스님으로부터 계를 받은 남편은 지구촌공생회 후원회원이 되었고 아프리카 어려운 이웃을 위해 우물을 파주기도 했습니다. 밥이 필요한 사람에게는 밥을 주고 아픈 사람에게는 약을 준다는 것이 얼마 전에 열반에 드신 월주 대종사님의 가르침이지요. 우리 조계종단도 아름다운동행을 비롯해 중앙신도회의 행복바라미, 법보신문의 일일시호일, 법보시 캠페인 등도 그러한 일을 계속 해오고 있다고 알고 있어 저도 동참해 열심히 응원하고 있습니다.

지난주에는 몇십 년을 우리 부부를 이끌어 주시던 금산사 회주 도영 스님을 만나 뵙고 이야기를 했습니다. 매일 아침 예불을 모시고《금강경》을 모시던 남편이 90세의 일기로 떠났고 암 판정을 받고 도영 스님을 자주 찾아뵈면서 일생을 정리해왔던 남편. 금산사 회주 도영 스님은 암 판정 이후《금강경》대신에《아미타경》을 모시라고 했고 남편이 임종할 때에도 옆에서 아미타불을 염송했습니다. 근데 이제 남편이 떠난 지 6개월이 다 되는데《아미타경》을 읽는 것보다 남편이 매일 읽던《금강경》을 읽어야 할까 고민이 들어서 스님께 상담을 했습니다. 도영 스님은 명쾌하게 "이미 설봉 거사는 극락 세계에 가있거나 벌써 이 세상에 올 준비를 하고 있을 수도 있으니 좋아하는《금강경》을 독송하라"고 추천하셨습니다.

김제 만경 태생인 저는 어렸을 때 어머니와 함께 집에서 소달구지에 공양물을 싣고 그 먼 김제 금산사로 갈 때면 그렇게 좋았습니다. 큰 절에 가서 부처님도 뵙고 오면 그렇게 좋을 수가 없었습니다.

결혼 후에 전주에서 남편과 장사를 하면서 아침마다 식구들이 아침을 먹으며 《천수경》 독송을 들으며 사업장에서도 시간 날 때마다 독송을 했습니다. 전주에 와서 절에 나가면서 제일 먼저 한 것이 제일 좋은 법복을 맞춰 입었고 절에서 하는 불사는 빠지지 않고 동참했습니다. 지금에서야 생각해 보면 부끄럽기 짝이 없습니다. 그저 젊은 아낙의 치기였을지도 모르지만 그래도 열심히 절에 다녔습니다.

그래서 부처님의 가피를 받으며 5남매 자식들은 그 힘들다는 대학에 재수 한 번 안 하고 합격했습니다. 아이들에게는 힘들거나 어려울 때 나무아미타불을 염송하라고 하고 잠자면서도 나무아미타불을 염송하라고 했습니다. 금산사에서 설립한 화엄불교대학도 다니고 절에 다니면서 자식들을 모두 대학을 졸업시키고 결혼도 시켰습니다. 1995년도에는 막내아들이 취업 대신에 어려워진 사업에 뛰어들어 함께 했습니다.

부동산과 주식 등은 투자가 아니라 투기라는 명확한 남편의 신념으로 불로소득을 바라지 않았고, 사업을 할 때도 수금이 안돼서 돈이 없어도 남에게는 은행 돈을 빌려서라도 꼭 송금하면서 신용을 지키고 살았습니다. 이로 인해 많은 손해를 입으셨지만 원망하지 않고 다른 사람의 사정을 살폈습니다. IMF 시절에 큰 손해를 봤지만 다행히 건물 세입자들의 전세금은 건물과 아파트를 팔아 다 돌려주고 은행 빚도 어느 정도 갚아 작아진 대로 사업을 이어갔습니다.

2001년에는 아들과 남편에게 맡기고 사무실을 나가지 않고 집에서 손주들을 봐주면서도 전북불교대학과 화엄불교대학 특강을 다니고 법회를 다니며 불교공부도 열심히 했습니다. 매일 점심 이후와 저녁 자기 전에 독경을 하고 사경도 하며 지금까지 이어오고 있습니다. 특히 독경을 할 때면 세수를 하고 죽염으로 입안을 꼭 헹구며 몸과 마음을 깨끗이 해왔습니다. 2004년 부처님오신날을 며칠 앞두고 남편과 함께 부안 월명암을 찾아 참배하고 난 다음날 새벽에 갑자기 아랫배가 찢어질 듯 아팠습니다. 뜬 눈으로 날을 새고 구급차를 부르려는 남편을 말리고 깨끗한 옷을 입고 대학병원을 찾아가니 대장암 2기라는 판정을 받았습니다. 힘겹게 지내온 IMF 시기에 속으로 참으며 버틸 때 생긴 속병인 것 같았습니다. 지금도 월명암을 참배하고 난 다음날 그러한 증상이 나타난 것은 모두 다 부처님의 가피라고 생각합니다.

다행히 수술도 잘되고 재발이나 전이 없이 지금까지 18년을 건강하게 살고 있습니다. 전북대학교병원에 입원해 있을 때 전북대학교병원은 법당이 없어서 독송집만 읽었습니다. 병원에 있다 보니 제일 좋은 법복 맞춰 입고 큰 불사 했다고 스님들 앞에 나가던 제 자신이 부끄러워졌습니다. 그 뒤로 전북대학교병원에도 법당이 있었으면 좋겠다고 생각했습니다. 지금은 전국의 대학병원 모든 곳에 법당이 있다는 소식을 들었습니다. 아픈 사람들이 희망을 찾고 부처님 법을 만나 건강한 몸으로 퇴원하기를 기원했습니다.

부처님의 가피로 저와 남편은 매일 감사하며 기도하고 살았습니다. 아이들이 장성한 뒤에는 기도에 손주들의 건강과 행복을 빌었습니다. 부처님의 가피인 듯 자식들에 이어 외국에 있는 큰아들의 첫째는 외국에서 외국인학교에서 외국인 교사 생활을 하고 있습니다. 큰아들의 둘째도 외국 회사를 다니고 있습니다. 큰딸의 첫째는 미국에서 대학원을 다니고 둘째는 미국에서 회사를 다닙니다. 요즘은 한국에서 회사를 다니려고 한국 쪽 회사를 알아보고 있답니다. 둘째 아들의 큰아이 공무원 시험 준비 중이고 둘째는 간호사가 되어 병원에 취직했습니다. 둘째 딸의 외동딸도 올해 졸업했는데 금융회사에 취직이 되었습니다. 막내아들의 큰딸은 작년에 자기가 가고 싶어 하던 외국어대학교에 입학했고 둘째는 올해 고3입니다. 이렇게 아이들이 잘되는 것은 모두 부처님의 가피고 저의 업장이 아이들에게 가지 않아서인 것 같습니다.

며칠 전에도 여느 때와 같이 점심을 먹고 몸과 마음을 깨끗이 하고 《금강경》을 독송하던 중 머리 이쪽저쪽이 조금씩 아프고 세수를 하는데 얼굴 한쪽이 남의 살 같은 기분이 들었습니다. 혹 몸에 이상이 있는 것이 아닌가 하고 아들 몰래 근처 병원에 다녀왔습니다.

병원에서는 큰 이상은 없어 보인다며 혹시 모르니 큰 병원에 가서 MRI를 찍어보는 것이 어떠냐고 큰 병원의 진료를 추천했습니다. 그래도 두려운 생각은 없었습니다. 부처님의 가피로 암 말기에 항암치료도 하지 않은 남편이 임종 때까지 마약성 진통제도 투여하지 않고 아프지 않고 가신 것을 보며 부처님의 가피를 몸소 체험했기 때문에 두렵지 않았습니다. 다만 혹 치매가 오지 않을까 하여 걱정이 되었습니다.

그래서 함께 사는 막내아들에게 말하고 MRI를 받으러 가자고 했습니다. 큰 병원 의사는 "그 연세에 말씀하시는 것도 정확하고 기억력도 좋으시니 치매나 이런 것을 적정할 필요 없다"면서도 혹시나 머리가 아프시면 MRI를 찍어보자고 했습니다. 결과가 나오고 갑자기 의사선생님이 보호자만 들어오라고 했습니다. 무언가 있다고 생각이 들었는데 진료실에 들어간 막내아들이 아무렇지 않게 엄마 이리 들어오셔서 같이 이야기를 듣자고 했습니다. 아들도 엄마인 저에게 무언가를 속이며 의사와 이야기하지 않고 당당하게 저를 믿고 함께 상의하자고 했습니다. MRI를 보니 뇌혈관 중에 꽈리 모양의 새끼 손톱만한 혈관이 보였습니다. 뇌동맥류라고 했습니다.

의사가 "뇌동맥류는 폭탄과 같은 거지만 이런 현상이 몇 십 년 된 것일 수도 있고 터지지 않고 평생을 사실 수도 있어서 지금 연세에 수술하라고 권유하기는 힘들지만 어머님의 나이에 비해 혈관도 깨끗하고 튼튼하고 뇌도 치매와는 상관이 없어서 시술로도 가능할 것 같다."고 이야기했습니다. 전 그냥 지금이라도 남편 옆으로 간다면 호상이라고 생각하고 수술을 하지 않으려고 했습니다. 그런데 뇌동맥류가 터지면 죽는 것보다 반신불구나 심하면 식물인간이 될 수 있다고 합니다.

그래서 부처님오신날을 4주 앞둔 상황이라 부처님오신날 여러 절을 갈 생각으로 시술이든지 수술이든지, 하든지 안하든지 5월 8일 부처님오신날과 어버이날이 지난 날로 잡자며 나왔습니다. 재작

년부터 눈이 나빠져 병원에 갔더니 백내장이라고 해서 수술을 하려고 했는데 수술실에서 수술을 할 수 없다고 판정이 나와 서울로 가서 수술해야 된다고 들었습니다. 근데 요즘은 경전을 읽기도 힘들 정도로 눈이 나빠져 힘들어 하니 막내아들이 서울로라도 가서 수술을 하자고 했습니다. 다행히 전북대병원에서 수술을 할 수 있다고 이야기해서 이미 5월 2일에는 백내장 수술날짜를 잡았기 때문에 그 이후로 날짜를 늦출 생각이었습니다.

근데 어제 갑자기 아들이 시술 날짜를 4월 25일로 잡았다고 병원과 약속했다고 합니다. 제가 걱정하니 어머니 밝은 눈으로 건강한 모습으로 부처님오신날을 맞이하자고 합니다. 부처님의 가피로 어머니의 뇌동맥류도 발견됐고 다행히 백내장 수술도 가까운 곳에서 하게 되었으니 기도하고 빨리 나아서 부처님께 기도드리자고 합니다.

이번 주 일요일(4월 17일)에는 남편이 아픈 와중에도 작년 9월에 100만 원을 주며 동참한 전북불교회관 영단후불탱화 점안식 및 회향날입니다. 당신이 마지막으로 참여했던 전북불교회관 탱화불사에는 월주 대종사님의 조사단도 함께 모신답니다. 이런 것 또한 인연이겠지요. 월주 대종사와 함께 하신 날을 생각하면 정말 대종사님과는 인연이었다고 생각이 드네요. 이번 불사 회향으로 남편을 위한 《아미타경》을 그만두고 이제 저희 가족을 위한 금강경 독송과 다라니를 독송하려고 합니다.

오늘도 기도를 마치고 남편이 생각나서 노래를 불러봅니다.

옛날에 이 길을 꽃가마 타고
말 탄 님 따라서 시집가던 길
여기던가 저기던가
복사꽃 곱게 피었든 길
한세상 다하면 돌아가는 길
저무는 하늘가에 노을이 섧구나.

돌아가시기 전에 부르시던 걸 찍어 둔 영상을 보면서 당신이 간 뒤에 슬퍼하지 말고 노래 불러달라는 유언을 지키고 있습니다.

올해 부처님오신날에도 건강한 모습으로 평상시와 같이 5곳 이상의 사찰을 다니며 공양 올릴 생각입니다. 모든 것이 부처님의 가피로 저와 저의 가족이 행복하고 저의 업장으로 저의 가족들이 고통 받지 않기를 오늘도 기원하면서 기도드립니다.

나무마하반야바라밀.
나무마하반야바라밀.
나무마하반야바라밀.

한국스카우트 불교연맹장상

길 없는
길을 가다

—

정도 이상운

길 없는 길을 가다

하얀 뭉게구름 사이로 푸른 하늘 높게 날아오르며 희망과 기대를 보여주는 2010년 10월 중순의 청명한 하늘이 나의 가슴을 꽉 메우고 있었다. 2010년 포교사 시험에 합격하여 연수를 마치고 평소에 어린이 포교에 관심이 많았던 터라 부산지역 포교사단 중등부 소속 어린이 포교팀에 자원하게 되면서, 사단으로부터 어린이 포교 활동을 목적으로 하는 연꽃팀에 배치되었다. 연꽃팀은 사찰에 예속되지 않고 포교사들이 독자적으로 운영하고 있었으며, 발족한 지 얼마 되지 않은 신생팀이었다. 그렇게 어린이 포교의 실천을 하기 위해 길 없는 길을 걸어온 지 12년이란 시간이 순식간에 지나갔다. 어린이 포교를 향한 열정의 시간들을 돌이켜 보니 주변 환경도 변하고 어린이도 바뀌고 어린이를 지도하는 포교사 선생님들도 바뀌었다. 지금껏 어린이 포교를 해오면서 여러 가지 환희심이 생겨나는 불보살님들의 가피는 아직까지 생생한 기억으로 남아있다. 혹여 어린이 포교에 원력을 두고 있는 불자들에게 조금의 도움이 되었으면 하는 바램으로 신행 수기로 올려본다.

지극하면 어린이도 움직인다

부산광역시 금정구 범어사 불교문화원 법당에서 일요 어린이 불교학교 법회가 매주 일요일마다 팀원들이 조를 짜서 진행을 하는 방식으로 이루어지고 있었지만, 법회에 가장 중요한 어린이가 5명이 되지를 않을 때가 빈번하였고 심지어 2명까지 줄어드는 상황이 되다 보니 어린이보다 포교사 선생님이 더 많은 법회가 종종 이어지고 있었다. 사실 일요 어린이 불교학교 법회의 활성화 방안으로 지역 초등학교 정문에서 일요 어린이 불교학교 전단을 나누어주기도 해 보고 자모들을 만나서 대책을 논의하며 노력을 하였지만 일요 어린이 불교학교 법회는 제대로 활성화되지를 않았다. 그때 느낀 것은 미래의 참된 불자의 인연 고리를 만드는 것이라고 할 수 있는 어린이법회가 참으로 힘이 든다는 것을 알게 되면서, 왜 많은 사찰에서 어린이법회가 활성화되지를 않는지 근본적인 문제를 나름대로 생각해 보는 계기가 되었다.

어린이법회가 활성화되어서 법회에 참석하는 어린이가 늘어난다 해도 어린이법회는 처음부터 끝까지 재정적인 부분의 지원이 충분히 되어야 하며 부모님들의 사전 동의가 있어야 되고 소풍이나 야외법회, 가을운동회 같은 행사를 할 때 아이들의 안전보장 등 여러 가지 문제들이 표출되었지만 그렇다고 어린이법회를 포기할 수 없었다. 팀원들의 간절한 어린이포교 원력은 어떠한 어려움에도 물러설 수 없는 것이었기에, 팀원 모두는 한마음으로 결의를 하였다. 어린이법회 활성화에 최선의 노력을 다 하면서 먼저 부처님께 어린이법회 활성화 100일 기도를 팀 전원이 함께 하자고 약속하였다. 그렇게 입제기도를 시작으로 정성스럽게 기도가 이어지고 있었는데, 50일 즈음 되었을 때부터 어린이법회의 변화가 자연스럽게 조금씩 일어나는 느낌을 받았다.

어린이법회에 참석하는 인원이 아주 적다 보니 궁여지책으로 우선 법회에 참석하는 포교사 선생님 자녀와 조카들을 데려와서 법회에 참석하는 경우가 종종 있었는데, 그 아이들이 친구들을 한 명 또는 두 명씩 데려오는 일들이 생기고 또한 주변 초등학교 학부모님들이 전단지와 현수막을 보고 일요 어린이 불교학교에서는 무엇을 어떻게 교육하느냐고 문의를 하는 것이었다. 그렇게 법회에 참석하는 인원이 무려 20명이 넘어서고 있었고, 또한 법회에 참석한 아이들이 집으로 돌아가서 평소 집에서 생활하던 모습과 다르게 스스로 자신의 일을 해결하려고 하는 행동과 엄마의 주방 일을 도와주려고 하는 행동의 변화에 부모님들이 관심을 보이기 시작하면서 일요 어린이 불교학교 법회에 아이와 함께 부모님이 참석하는 경우가 가끔씩 생겼다. 법회에 필요한 물품 등 여러 가지 방법으로 보시도 조금씩 늘어나고 있었다. 또한 어떤 부모님은 일요 어린이 불교학교 법회에서 무엇을 배우는지 부모님이 먼저 법회에 동참하여 법회의 내용을 견학해 보고 다음 법회에 아이와 함께 나오거나 아이 혼자서 참석하는 횟수가 잦아지는 것이었다.

팀원 모두가 간절한 마음으로 시작한 어린이법회 활성화 100일 기도를 회향할 때쯤에는 어린이와 자모님들이 법당에 촘촘하게 앉아야 하는 놀라운 상황이 되었는데, 그때 처음으로 간절한 기도의 가피라는 것이 이런 것이구나 하는 것을 체험하게 되었다. 팀원 모두는 신심이 나서 더욱더 열심히 법회에 적극성을 보였으며 모든 것이 신묘하게 느껴졌다.

하지만 법회가 순탄한 것만은 아니었다. 어느 일요 어린이 불교학교 법회 때 남자아이 형제가 참석하게 되었는데, 형 세원은 8살, 동생 세일은 6살이었다. 법회를 시작할 때 동생이 너무 어려 법회에 방해가 될 것 같아서 별도로 마당 정원에서 원숭이 나무 타기 흉내를 내는 놀이를 하면서 보살피고 있었는데, 잠깐 사이에 동생 세일이가 크게 넘어지면서 으앙 하고 우는 것이었다. 순식간에 일어난 일이라 당황할 사이도 없이 재빨리 아이를 가슴으로 감싸고 토닥여 주었지만 아이는 계속 울고 이마에는 조금 긁힌 자국에 피가 조금 맺혀 있었다. 잠시 후 지도 선생님 가슴에 안긴 세일이는 진정이 되면서 그냥 훌쩍거리고 있었는데 그때 지도 선생님이 세일이 등을 토닥이며 귓속말을 하였다.

"세일아 많이 아프지?"

"예⋯. 으앙!"

"그래, 그래. 아프고 많이 놀랐겠구나."

"예, 아파요."

"그럼, 누가 잘못해서 넘어졌니?"

"제가 그냥 넘어졌어요."

대답을 하는 순간 그냥 울음을 뚝 그치는 것이었다. 내심 우습기도 하고 한편으론 이만하기 참으로 다행이다 생각하며 아이를 잘 보살피지 못한 것에 참회하고 모든 불보살님께 감사 기도를 드렸다. 그렇게 진정을 시키며 치료를 하고 법회는 끝이 났지만 걱정이 되었다. 사실 세원, 세일 형제의 부모님은 일요일에 일을 가셨기 때문에 지도 선생님이 데리고 온 것이라 집으로 돌아가면 부모님으로부터 무슨 말을 듣게 될지 걱정을 많이 하였는데 다행스럽게 부모님과 함께 다음 어린이일요법회에 변함없이 참석했다. 밝은 모습으로 봉고차에서 내리는 부모님과 세원, 세일 형제를 모두는 참으로 반갑게 맞이해 주면서 부모님께 지난 법회 때 불미스러운 일에 대해 사과를 드리고 또한 변함없이 법회에 참석해 주심에 감사하다는 인사를 드렸다. 부모님은 오히려 "아이들이 자라면서 그럴 수도 있죠." 라고 위안을 해 주셨다.

그렇게 법회는 날로 안정적으로 진행되면서 법회에 참석하는 아이들이 많아지니 또 다른 문제가 생기는 것이었다. 사실 포교사 선생님들이 어린이포교의 원력을 가지고 노력한 결과 지금의 결실을 이룰 수 있었지만 학년이 다른 모든 어린이의 눈높이에 맞추어서 아이들을 교육하기 위한 준비는 많이 부족했기 때문에 인원이 적을 때는 별 문제가 되지를 않았지만 일정하지는 않지만 법회에 참석하는 인원이 많을 때는 30명 정도가 되고, 또한 유치원부터 초등학교 6학년까지 있다 보니 아이들을 지도하기 위한 전문적이고 체계적인 교육의 필요성을 생각하게 되었다.

그때 마침 '사단법인 동련'에서 운영하는, 대한불교 교사대학에서 학생을 모집한다는 소식을 듣고 한걸음에 여섯 명의 포교사 선생님들이 입학하게 되었다. 직장과 학업을 병행해야 하는 모든 어려운 상황을 극복하면서 열심히 2년을 다니며 동화구연, 동극활동, 풍선아트, 클레이아트, 명상지도, 불교 아동심리치료 등 여러 가지 어린이 불교교육을 위한 체계적인 교육과 연수를 받은 후 모두가 자격증을 취득하는 시험에 합격하였고 포교원장상도 받으면서 환희심 가득한 졸업을 할 수 있었다. 자연스럽게 어린이법회 내용과 수준도 높아지고 다양하게 가르칠 수 있는 능력을 겸비하게 되었다.

천진불의 음성공양

일요 어린이법회가 날로 번창하고 시간이 지날수록 모든 어린이들이 《반야심경》을 스스로 외우게 되면서 자연스럽게 목탁 습의를 가르치는 과정까지 가게 되었다. 아이들이 사용할 수 있는 목탁을 구입하여 습의를 지도하는데 아이들이 무척 신기해하며 두드려보고 즐거워하니 선생님들도 가르치는 재미가 있었다.

처음에는 산만했지만 시간이 지날수록 차분해졌고 목탁소리에 맞추어서 《반야심경》을 할 수 있을 정도로 되었을 무렵, 부산 기장

군 불교 사암연합회 총무소임을 맡고 계신 해명 스님께서 부처님오신날 봉축행사 식전 행사로 어린이의 공연을 해줄 수 있는지 문의하셨다. 기간이 달포 정도 남아있는 터라 선생님들과 아이들이 회의를 해서 공연을 하기로 결정을 하게 되었다. 어린이법회를 어렵게 진행하면서 아이들의 모집부터 여러 가지 어려운 점도 많았지만, 아이들이 처음으로 대중 앞에서 열심히 연습한 실력을 보여줄 수 있는 기회라 생각하니 환희심도 생기고 자모님들이 적극적으로 도와주는 가운데 목탁 습의도 집중적으로 할 수 있었다. 모든 아이들이 신기하게 선생님의 지도를 잘 따라와 주었으며, 찬불가 〈부처님을 사랑해〉 노래에 맞춰 율동연습도 열심히 하였다.

드디어 오색의 거리등이 도심 곳곳에 펼쳐져 있었고 아카시아 꽃 내음 가득히 하얀 꽃비가 내리고 벌, 나비가 날고 새들이 지저귀니 모든 것이 부처님 오심을 찬탄하는 듯이 느껴졌다. 수많은 기장 군민과 불자들 모두는 즐거움을 함께하기 위해 기장군에 위치한 기장중학교 체육관에 모여 들었다. 학교 운동장 주변에는 전통 놀이를 할 수 있는 부스와 나무 공예로 아이들이 만들기를 하기도 하고 연꽃 컵등을 만들어 부처님오신날의 기쁨을 즐기고 있었다.

또한 부산 범어사 소속 풍물패의 공연으로 봉축행사의 분위기를 한층 고조시키며 모두가 하나 되는 어울마당이 되고 있었다. 봉축행사가 시작되기 전 기장중학교 맞은편 공원에서 어린이 공연팀은 잠깐의 점검을 마치고 행사장으로 이동하는데 아이들의 표정은 싱글 벙글 병아리색 단체복이 너무나 잘 어울렸다. 많은 사람들이 관심을 보이며 예쁘다고 하니 아이들은 더욱더 신이 나서 걸음걸이도 사뿐사뿐 구름 위를 걷는 듯이 걷고 있었다. 드디어 사회자의 자상한 소개로 아이들은 단상에 올라 부처님께 삼배하고 배석한 스님들과 내 외빈께 인사를 드리며 그동안 닦아온 실력을 마음껏 뽐내었다. 찬불가를 부르며 율동을 함께하는 공연에 이어 목탁 소리에 집중하며 《반야심경》 봉송도 무사히 마쳤다. 행사장에 참관 오신 각 사찰의 스님들과 많은 불자들은 우레와 같은 박수로 아낌없는 칭찬을 해 주셨다.

부처님오신날 봉축행사장에 오신 대중 앞에서 아이들이 성공적으로 공연을 한 것은 참으로 기쁘고 보람 있는 결실이었다. 공연을 마친 아이들의 모습을 보며 주변 사찰에서 오신 스님과 관계자분들이 많은 관심을 보여주었고 초청해서 공연을 해 주었으면 하는 제안도 있었다. 행사장을 나와 공원의 벤치에 모여서 짜장면을 시켜 먹으며 어린이들의 공연 소감도 듣고 자유로운 시간을 가지고 있었는데 봉축행사의 총무이신 혜명 스님이 오셔서 공연하느라 수고하였다고 칭찬하신 후 아이들에게 맛난 것을 사 주라고 하시며 하얀 봉투를 주시는 것이었다. 모든 아이들은 환호하며 감사의 인사를 드렸다.

관세음보살의 출현

그렇게 행사가 끝나고 집으로 돌아가는 차 안에서 아이들의 의견을 물었다. 총무스님께서 너희들이 연습을 열심히 하여 공연을 멋지게 잘 했다고 하시면서 맛있는 것이나 학용품을 사주라고 돈을 주셨는데 이것은 너희들이 열심히 배우고 노력한 결과로 받은 것이기 때문에 너희들이 의논해서 결정을 하면 선생님이 그렇게 사용할 수 있도록 하겠다고 하였더니 한동안 아이들이 모여서 의논을 하더니만 선생님에게 귓속말로 "아름다운 동행"에 기부를 하여 어려운 형편에 있는 아이들에게 도움을 주었으면 좋겠다는 것이었다. 순간 선생님은 놀라운 아이들의 생각에 잠시 멍해졌다. 관세음보살 100일 기도로 어린이법회가 활성화되었는데 이 아이들이 관음의 화신이구나 하는 생각이 머리를 스쳐 지나가는 것이었다. 상상도 못한 아이들의 대견한 생각에 선생님들도 보시에 동참하여 함께 기부를 하는 계기가 되었으며 이 놀라운 모든 일들이 어린이포교의 "길 없는 길"을 선택한 보람으로 느껴지는 순간이었다.

간절하면 통한다

일요 어린이 불교학교 법회가 순탄하게 진행되고 법회 내용이 충실해져서 제대로 안정되어 가는 듯하였으나 또 다른 어려움을 맞이해야 했다. 범어사 불교문화원의 사정으로 법회 장소를 비워달라는 통보가 온 것이다. 참으로 난감한 심정으로 팀원들은 논의를 하였지만 당장 해결할 방법이 없었고 여러 곳의 사찰을 알아보아도 어린이법회를 받아줄 여력이 있는 곳이 없었다. 그렇다고 어떠한 장소를 임대해서 한다는 건 재정적 부담이 컸다. 다만 할 수 있는 건 간절하면 통한다는 생각으로 부처님께 간절히 기도드리는 방법뿐이었다. 법당을 비워주어야 하는 날은 다가오고 있었지만 반드시 답이 있을 것이라는 믿음이 있었기에 법회 장소를 옮겨야 한다는 것이 큰 부담으로 작용하지는 않았다.

그렇게 기도가 이어지던 어느 날 팀원들이 불교 교사대학 재학 중에 많은 것을 지도해 주신 '사단법인 동련 어린이청소년 협회'를 실무적으로 이끌고 계신 최미선 선생님께 상의를 해 보자는 의견을 내었다. 곧바로 전화를 하게 되었고 최미선 선생님께 현재의 일요 어린이법회 상황을 설명 드리면서 도움을 부탁 드렸더니 며칠 후 동래시장과 만세거리가 있는 곳에 위치한 범어사 말사인 동래 법륜사에서 운영하는, 법륜어린이 유치원 원장님을 소개해 주셨다. 팀원들이 찾아뵙고 부탁을 드렸는데 너무나 감사하게 흔쾌히 승낙해 주시며 일요일은 유치원이 휴교하니 유치원 강당에서 법회를 진행하라고 하시며 강당 사용 시 주의사항을 자상하게 일러주셨다. 참으로 고마운 관세음보살과 같은 분들의 도움으로 일요 어린이법회는 법륜사에서 다시 동력을 얻게 되면서 그 지역의 어린이와 인연의 고리를 이어가게 되었다.

법륜사에는 다도를 통해서 부처님 법과 인성을 함께 가르치는 청소년 다도팀을 운영하고 있었는데 어린이법회에 다니다가 중학교에 진학하면 자연스럽게 이어갈 수 있는 길도 열린 것이었다. 그렇게 일요 어린이법회는 매주 법륜사에서 아주 안정적으로 진행될 수 있었고, 어린이들과 자모님들이 많이 늘어나게 되면서, 법회 장소를 지장전 법당으로 옮겨서 하게 되었고, 점심공양에 소요되는 경비를 법륜사 주지스님이신 각진 스님께서 지원해 주시는 감사한 일들이 생겨나고 부처님오신날 법륜사 경내에서 어린이 장구 공연, 컵 등 만드는 행사를 하기도 하고 '사단법인 동련' 주관으로 부울경 어린이법회 단체가 모여서 부산광역시 두구동에 위치한 홍법사 경내에서 가을운동회를 하는 등 활발하게 진행되어 오던 중 코로나19로 인하여 어린이법회의 휴식기를 맞게 되었다.

엄동설한 기나긴 겨울밤을 견디듯이, 한동안 팀원들은 카톡으로 서로를 격려하며 집에서 스스로 《법화경》 독송 기도를 하다가 2022년부터는 아이들은 올 수가 없는 상황이지만 언젠가는 어린이법회가 예전처럼 활성화 될 것이라는 발원으로 팀원들이 법륜사에 모여서 《법화경》 기도를 하고 있다. 하루 빨리 코로나 19가 종식되고 언제가 될지는 모르지만 일상의 생활로 돌아가서 어린이법회가 다시 예전처럼 열리고 부처님의 가르침이 온 누리에 가득하길 부처님께 간절히 발원 드립니다.

나무 석가모니불.
나무 석가모니불.
나무 시아본사 석가모니불.

나의 간절한 기도가 꽃으로 피어날 때

—

진여정 정효숙

〈2016년 1월 24일, 눈이 내리는 날〉

아침에 아빠랑 동생이랑
도서관 가는 길
엄마는 매일 새벽기도를 가시는데
눈이 많이 내리면 걱정이 된다
길이 미끄럽지 않았으면 좋겠다
엄마가 춥지 않았으면 좋겠다
그 추위 많이 타는 엄마가
새벽마다 기도를 가신다
무엇을 위해 기도하시는 걸까
알 수는 없지만
나라도 그런 엄마에게
힘이 되는 존재가 되어드리고 싶다
엄마의 모든 바람이 다 이뤄지길….

집안 정리를 하다 딸이 쓴 일기를 보았다. 새벽기도 하러 나서는 엄마가 걱정된다며 쓴 일기를 읽어 보니 지나온 불자로서의 생활이 주마등처럼 스쳐 지나간다. 나는 가족의 만류와 걱정을 설득과 달램으로 반복하며 2022년, 만 11년째 3시에서 6시까지 절에 가서 새벽기도를 하고 있다.

불교와의 인연은 대학교 3학년 자취집에서 같이 살던 언니와 한국대학생불교연합회의 쌍계사 수련회를 4박 5일 동안 다녀온 것으로 시작되었다. 처음 해본 1080배,《반야심경》독송, 참선과 발우공양 등은 아직도 기억에 남는다. 대학 졸업 후 친정어머니를 따라 조그만 사찰에 다녔어도 사업을 하며 바쁘다는 핑계로 초하루 기도에만 참석하니 불자로서 불법을 가까이 하기 쉽지 않았다.

바쁜 생활 속 불법에 가까이 다가가고자 각원사(覺願寺)의 불교대학에 입학했다. 입학의 인연은 쉽게 맺어졌지만 어머니께서 오랜 기간 병원에 입원하셔서 불교대학을 졸업하지 못했다. 설상가상으로 잘 되던 사업마저 힘들어졌다. 단기간 많은 힘든 일이 겹쳐서일까, 마음이 의지할 곳을 찾고자 부처님께 매달리는 기도를 하기 위해 사시(巳時)기도에 참석하기 시작하였다.

매달리는 기도를 한다고 하여도 일상생활을 병행하며 사시기도에 매일 참석하기는 쉽지 않았다. 지금은 매일 각원사에서 새벽기도를 하고 집으로 돌아오지만, 처음부터 절에 가서 기도를 시작한 것은 아니었다. 불교대학을 졸업하지 못한 아쉬움에 재입학을 하여

다니던 중 각원사 새벽예불이 도량석을 시작으로 새벽기도가 진행된다는 이야기를 듣고 매일 절에 가서 새벽예불에 참석하여 새벽기도를 해야겠다고 생각했다. 이렇게 나의 '절'에서의 '새벽기도'는 시작되었다. 빠지지 않고 기도할 수 있는 시간을 찾아보다가 새벽 3시에 기도하기로 하였다. 새벽기도를 하기로 하고 입재한 날은 2011년 2월 4일이다. 매일 집에서 새벽 3시에 일어나 자동차로 15분 거리의 각원사로 출발하여 대웅전과 대불전에서 각각 기도를 마치고 집에 도착했다. 한겨울 눈이 오면 언덕 아래에 차를 두고 법당까지 걸어서 올라간다. 3시 30분에 기도를 시작하여 《천수경》, 〈화엄경약찬게〉, 《관음정근》, 《반야심경》으로 마무리해 5시 30분에 기도를 끝낸다.

지금 생각해 보면 우스운 일이지만 눈 내린 추운 새벽, 차가 언덕에서 시동이 꺼져 출동서비스를 부른 적도 있다. 기도를 처음 시작할 즈음에는 하던 사업이 기울어 부처님의 가피를 받아 어려움을 극복하기 위한 매달리는 기도였다. 절실하고 간절하게 부처님께 의지하기 위하여 기도하였기에 겨울에 추운 줄도 몰랐다.

처음 기도 시작할 때 갑자기 변한 환경으로 인하여 약해진 면역력 탓인지, 새벽기도를 하던 어느 날 복통으로 인하여 입원하게 되었다. 매일 기도하던 대로 병상에서 새벽마다 《천수경》과 《반야심경》을 독경하였다.

퇴원 후 집에 도착하자마자 각원사에 가고 싶다며 남편에게 졸랐다. 나의 건강을 염려하는 남편과 무작정 절에 갔다. 대웅전에서 절을 시작하니 살아있음에 감사하며 나도 모르게 눈물이 흐르고 환희심이 생겼다. 금식을 하고 며칠 동안 링거만 맞아 일어서기조차 힘들어 하면서도 비틀거리며 기도하는 나의 모습을 남편이 지켜보았다. 건강을 걱정하는 남편도 나의 절실함을 이해하였는지 그날 이후로 나의 불자활동과 수행 정진기도를 적극 응원하고 있다.

나를 위한 매달리는 기도에서 남을 위한 기도와 내 주변을 돌아보게 된 계기가 있었다. '능엄신주 기도가 가피가 있다.'고 하여 찾아간 하남시의 정심사에서 '자기를 바로 봅시다. 남을 위해 남모르게 기도 합시다.'라는 내용의 플래카드를 보면서 나를 위한 기도보다 내 주변을 위한 기도를 시작하게 되었고 기도의 원력이 생겨 마음이 뿌듯했다. 남을 위한 기도와 내 주변을 보살피는 방법은 포교사가 되는 것이라 생각하여, 포교사가 되어 포교 활동을 시작하였다.

새벽기도를 시작한 지 1년이 지난 후부터 대웅전이 한 시간 일찍 개방되었다. 남을 위한 기도도 하려면 더 오래 기도해야 하기에 새벽 2시에 일어났다. 절수행, 금강경 독경, 관세음보살보문품, 능엄신주, 화엄경약찬게, 대중 참석 새벽예불 칠정례, 중단기도, 하단의 법성게를 마치고 대웅전에서 나와 대불전에 올라간다. 대불전에 올라가 향을 4개 꽂으며 '거룩한 부처님께 귀의합니다', '거룩한 가르침에 귀의합니다', '거룩한 스님들께 귀의합니다', '이 곳을 찾는 모든 분들이 건강하고 행복할 수 있기를 발원합니다.'라고 고한다. 캄캄한 새벽이라 등산 랜턴을 켜고 금강경 독경, 화엄경약찬게 3독, 반야심경을 독경하고 모두를 위한 발원을 한 후 내려온다.

남을 위한 기도가 습(習)이 될 즈음, 일본에서 영구 귀국하신 각원사 조실이신 경해법인 대종사 스님을 만나뵙게 되었다. 새벽예불에 동참한 것을 계기로 인연이 되어 기도 회향의 의미에 관한 대화를 나누던 중 회향의 실천 방법을 고민하게 되었다. 나의 기도 회향은 '내 주변을 돌아보고 사회에 봉사를 실천하는 것'이라 생각하게 되었다.

매주 목요일 독거노인 무료도시락 배달 급식팀장을 하며 새벽기도를 마치고 새벽 5시 30분부터 오후 3시까지 급식실에서 1년간 봉사하였다. 이 인연으로 2013년 11월 1일 새벽기도 1,000일 회향으로 각원사 독거노인 무료 도시락 봉사에 빵을 약 200개 보시하였다. 그 후로 100일마다 빵을 보시하거나 복지관 등에 보시금을 보냈다.

나의 포교활동은 점점 쌓여갔다. 2013년부터 2015년까지 각원사의 포교사 팀장으로 매주 토요일마다 운영하는 영어회화교실 보조진행을 도왔다. 목탁을 치며 《반야심경》 봉독과 회원들에게 수업에 관한 안내를 하며 강의실 정리정돈을 하였다. 당시 보조활동으로 포교활동을 하였지만 주도적으로 가르치는 일을 하고 싶어 2년 동안 공부하여 전문포교사가 되었다.

전문포교사가 된 다음 해에는 각원사에서 운영하는 아우내 은빛복지관의 봉사팀장으로 월 2회씩 주방에서 요리보조를 하며 어르신들의 점심봉사나 효잔치에 봉사를 하였다. 봉사를 하면서 불자가 아닌 분들도 봉사팀의 성실함과 친절함이 절에 대한 관심으로 변하는 것을 보며 불자로서 사회에 대한 봉사를 하는 것이 중요하다 생각하였다.

순탄하게만 흘러갔던 나의 신앙생활에 질병으로 인한 위기가 다시 찾아왔다. 예불을 마치고 와서도 몸이 너무 춥고 떨려 출근조차 하지 못했다. 다음날 역시 고열에 새벽예불을 다녀오면 끙끙 앓았다. 하지만 절에 도착하면 거짓말처럼 기운이 생겨났다. 대웅전에서 절을 하고 경을 읽으니 환희심이 들었다. 이렇게 겨우 일어나 새벽예불과 기도는 하였지만 출근을 1주일 동안 못하였다. 지금까지 살면서 이렇게 아팠던 적이 있었던가 싶다. 새벽이 항상 기다려지고 2시에 알람이 울리면 어김없이 일어났는데 이때는 새벽이 오는 것이 두려웠다.

너무 아파 병원을 다녔는데 담석증이었다. 입원하여 수술하게 되었다. 입원 당일 새벽기도에 가서 부처님 전에 '부처님! 내일부터는 병원에 입원하게 되어 못 옵니다', '빨리 나아서 속히 기도 올 수 있게 해주십시오!' 하는데 눈물이 핑 돌면서 가슴이 먹먹하였다.

입원 기간 동안은 《금강경》 1독과 《반야심경》만 독송하다 보니 새벽시간이 길게 느껴졌다. 퇴원 후에는 배에 힘이 없고 걸을 수가 없어 집에서 1주간 금강경 3독씩 하며 어서 절에 가 새벽기도 할 수 있기를 간절히 발원하였다. 드디어 새벽기도를 하러 절에 가던 날은 부처님의 인자하고 포근한 눈빛과 내 마음의 환희심이 묘하게 교차하면서 세상에서 제일 행복한 시간이었다.

매일의 새벽기도는 내 자신을 위한 수행의 과정이 되었다. 기도를 계속해 온 힘으로 하루하루의 생활이 기쁨과 행복함으로 가득하다. 처음의 시작은 힘든 일상에서 위안을 찾기 위함이었으나 이제는 내 삶의 자랑스러운 한 부분이 되었다.

그동안 포교사로서 열심히 활동하여 대전 충남지역단 부단장과 겸하여 동부총괄팀장이 되었다. 꾸준한 활동의 결과이지만, 책임감 또한 크게 느껴진다. 올해는 부처님오신날을 홍보하는 거리등 달기를 하면서 감회가 남다르다. 꾸준히 정진하여 원력과 신심을 갖춘 참된 불자가 되어야겠다고 생각하게 되었다.

나의 신앙생활을 지지해 준 가족, 스님들 및 각원사 도반께 감사한 마음뿐이다. 간절함이 인연의 밤을 지키기 위한 등불이 되길 바라며 푸르름이 가득한 대불전 앞에서 오늘도 모두를 위한 기도를 한다. 나의 기도가 꽃으로 만개한 각원사 동산에서 더욱 빛날 수 있기를 발원하며 다시 희망이 꽃피는 일상으로 돌아가길⋯.

깨
달
음
으
로

마
음
을

채
우
다

2부

신심

信心

보살에는 다섯 가지 착한 행위가 있다.

첫째, 항상 바른 도를 세움이요

둘째, 남의 장단점을 찾지 않음이요

셋째, 자신의 행위를 스스로 반성함이요

넷째, 항상 진리를 즐김이요

다섯째, 자신을 생각하지 않고 남을 구함이다.

《미륵본원경》중에서

시방세계
부처님께
귀의합니다

—

관음행 양일옥

거룩한 부처님께 귀의합니다.
거룩한 가르침에 귀의합니다.
거룩한 스님들께 귀의합니다.

부처님 법을 배우고 익힌다는 것은 나의 낡은 생각과 편견에서 벗어나 치우친 오류의 틀을 깬다는 것이었다. 낡은 믿음을 걷어내고 진리의 믿음으로 다가가는 연습을 꾸준히 하고 있는 중이다. 망상과 망념 내려놓고 끊임없는 정진으로 오랫동안 훈습되어 왔던 묵은 때를 씻고 게으름에 빠지지 않도록 나사를 단단히 조여매었다. 코로나19라는 팬데믹 속에서 할 수 있는 건 기도와 내 삶의 대한 반성과 통찰을 통해 생명의 존귀함과 자연을 사랑하며 생명의 소중함을 다시 한 번 일깨워 주는 계기로 삼았다.

온전한 인격체가 되기 위해서는 나의 부족함 모자람을 수용해 주고 인정하는 것이었다. 끊임없이 내려놓는 훈련을 통해 거칠고 질긴 오랜 습성들을 하나하나 벗어던지는 훈련이었다. 그것은 인내와 역경을 견뎌내는 피눈물 나는 고난과 고통이 수반되었다. 공부하는 데 불교의 여러 방편들은 나를 잘 이끌어 주었다.《천수경》을 꾸준히 반복적으로 독경함으로써 따듯한 마음과 의식을 넓게 갖는 데 도움을 주었고 계를 지킬 수 있게 나를 보호해 주는 울타리 역할이 되어 주었다. 기도 중에 수없이 흘린 뜨거운 눈물을 통해 그동안의 회한, 반성, 집착, 분별, 욕심, 화, 분노, 어리석음을 덜어내었다.

연민과 함께 마음을 따듯하게 녹여 주었다. 처음 1년은 그야말로 거친 생각의 조각이었고 2년차는 조금은 덜 거친 생각의 조각들을 걷어내며 조금씩 자신의 본성을 알아가는 단계였다. 3년차는 그 본성을 개발하며 키워가는 단계에 있다. 수많은 눈물 속에는 내가 잊고 살았던 나의 본마음을 속속들이 끄집어내어 잘 관찰하여야 했다. 잠재의식까지도 열어야 한다. 3년차 되니 눈물은 더이상 나오지 않았다. 일상에서 신묘장구대다라니 염불은 따듯한 마음을 지니게 하고 욕심을 줄이게 하고 화(분노)를 가라앉게 하며 어리석음을 줄여주었다. 신비한 힘을 가지고 있다는 것을 알았다.

마음의 양식인 경전은 나의 마음을 안정되도록 도와주었고 자비와 연민을 갖게 만들었다. 소경이었던 눈을 조금씩 뜨게 하였다. 욕심을 버리니 기도의 힘은 기쁨과 환희 그 자체였다. 뜨거운 눈물의 노력과 정진은 몸과 마음이 정화되는 느낌이었다. 기도할 때에 느껴지는 전율은 업장을 녹인다. 잠을 이겨내고 버텨온 순간들, 친구들과 어울려 모임에 가고 싶었지만 참았던 순간들, 향을 피웠다고 냄새난다고 성을 내던 남편(부처님, 제가 대신 참회합니다)과의 언쟁과 다툼을 이겨내고 극복한 순간들, 보시를 통해 얻은 이익은 말로 할수 없는 기쁨이었고 점점 발전하는 자신을 발견하게 되었다.

눈물, 콧물이 뒤범벅되어 왔던 순간들, 직장에서의 대인관계는 참고 인내하는 데 참 좋은 수행처가 되었다. 여러 사람들과 상대를 하고 관리를 하는 상황이 되다 보니 스트레스를 받으면서 보는 시각을 바꿔 좁은 내 소견을 버리고 상대방이 필요한 부분들을 긁어주고 이해하고 배려하는 마음으로 대하니 인간관계의 어려움은 더이상 발생하지 않았다. 거칠었던 말은 부드러운 말과 배려하는 말로, 위로하는 말, 희망적인 말, 칭찬하는 말로 실천을 행하였다. 이실천이 공부하는 큰 밑거름이 되었다. 넓은 마음으로 따듯한 눈길로 평등하게 대하려 노력하니 상대방이 먼저 다가왔다. 직장에서 퇴직하는 날 모든 분들께 한 분 한 분 작별인사를 드렸다. 구내식당 주방 식구 분들께 인사를 드리러 갔더니 하신 말씀이 생각난다. 인사 온 사람은 처음이라고 고맙다고 하시면서 그동안 직원들 위해 따듯한 식사를 해 주신 노고에 고맙고 감사한 마음을 전했다. 건강하시라고 말씀을 드리고 나오는 발걸음은 가벼웠다. 질긴 어둠의 터널을 뚫고 3년의 시간은 내게 있어 아주 특별하고 다시 태어난 느낌이다.

능엄주 대불정다라니는 그 어렵고 만나기 힘든 인연인데 봉녕사에 와서 능엄주를 처음 알게 되었다. 위의를 갖추고 청정한 행을 하시는 스님들의 모습은 보는 이로 하여금 희열과 거룩함을 배우게 한다. 발음하기 어려운 것 빼곤 꾸준히 독송을 하면 분명한 가피와 함께 자신의 마음에 꽃비가 내린다. 매일 꾸준히 한편씩 하다 보니 9개월쯤부터 술술 나오기 시작했다.

여기서 중요한 점이 있었다. 어렵지만 어렵다고 생각을 하지 않았고 힘들지만 힘들다는 생각도 하지 않으니 어느새 내 것이 되었다. 능엄주의 위력은 참으로 대단하다. 모든 부처님이 이 주문에 의해 근본을 깨달아서 깨달음을 얻고 마를 항복받았다고 하며 이 주문을 근거로 중생을 제도한다고 한다. 커다란 힘이 생긴다. 능엄주는 무한한 가능성을 열게 한다. 세상을 바라보는 눈의 지혜가 개발되며 집중력이 개발되고 능엄주의 꾸준한 독송과 읊어서 지니고 다니면 모든 악을 멀리하는 다라니이다. 어떠한 어려움도 극복할 수 있으며 당황하지 않는 용기와 힘으로 이끌어 준다. 업장을 녹이는 데 있어 효과가 빠르다.

매일 꾸준한 노력과 같은 시간에 같은 장소에서 주변 정리를 하고 법복을 입고 앉아 경건한 마음가짐으로 경전을 대했다. 법복은 바른 마음가짐과 몸과 마음을 제어하는 하나의 방편이었다. 기도와 경전을 대할 때는 모든 망상을 다 내려놓고 기도를 해야 효과도 빠르고 집중력이 강화된다. 여러 선어록을 통해 알아가는 삶의 지혜를 배우면서 선사들께서 행했던 수행의 묘미는 어느 무엇과도 비교할 수 없을 만큼 값진 보배의 창고였다. 머리가 아닌 가슴으로 내려와 회광반조를 하게 한다. 불법은 내겐 가뭄의 단비가 되어 주었고 내 삶을 변화하는 데 충분한 자양분이 되어주었다. 피눈물이 나는 혹독한 시련의 과정은 쓰고 매서웠지만 그러한 과정이 아니었다면 지금의 나는 예전과 다를 바 없는 집착에서 벗어나지 못했으리라. 고난의 열매는 달고 행복하다. 갈 길은 정해져 있다. 그 언덕을 향해 달려가지만 결코 나만을 위한 것이 아니라는 것을 안다.

1년은 식구들이 걱정할 정도로 잠을 줄여가면서 많은 도서를 통해 알아갔다. 시간이 아까워 2~3시간 쪽잠을 자다보니 얼굴이 많이 초췌해졌다. 이제는 습관을 바꿔 5시간은 자려고 한다. 혹독한 수행 후 중도가 가장 중요하다는 걸 체험과 경험이 일깨워줬다.

남편과 관련한 것은 허락을 받고 이야기를 기재해 본다. 그동안 열심히 살아준 남편에게 감사의 메시지를 전한다. 가정을 위해 30년의 세월을 한 직장에서 묵묵히 견뎌준 나의 동반자인 남편에게 그동안의 수고와 노고에 감사로 따듯한 미소로 응원을 보낸다. 남편도 불경을 접하면 좋을텐데 하고 생각하고 있었다. 인연이 되기를 기다렸다. 퇴직 후 집안일에도 관심을 가지며 도와주며 나름 생활을 잘 해 나간다고 생각하고 있었다. 여생을 어떻게 살아야 하는지에 대해 곰곰이 생각하는 시간도 필요할 것 같았다.

그런데 어느 날 남편이 불면증으로 며칠째 고생하다가 병원에 가서 약 처방을 받아서 먹어야겠다고 하길래 함께 병원을 갔다. 며칠 전 학생인 딸이 단체로 21일간 유럽 답사를 가게 되는 계기가 있었는데. 처음 떠나 멀리 가니 걱정을 많이 했었던 것 같다. 며칠을 잠을 이루지 못하고 고통스러워하는 모습을 보니 안쓰럽기도 하고 수면에 좋다는 음식도 먹었지만 차도가 보이지 않았다. 남편이 상담을 받는 동안 밖에서 기다리던 내게 들어오라고 남편이 손짓을 보냈다. 전문의는 내게 근황을 물었다. 딸아이가 여행을 갔는데 걱정이 되어서 잠을 못 이루는 것 같다고 말씀을 드렸다. 본인도 그렇게 생각하고 있었다. 의사의 약 처방을 받아들고 오는데 걱정이 되었다. 약을 복용하면 당장에는 효과는 있겠지만 계속 복용할 경우 부작용에 대해서도 생각해 보았다. 당장은 복용하는 게 맞지만 보름 지났을 즈음에 약을 끊고 다른 방법을 찾아보자고 했다. 장기 복용 후에 일어날 부작용에 대해서 얘기해 주면서 자신이 극복할 수 있는 상황을 만들어 주어야 했다. 남편에게 해 줄 수 있는 건 따듯한 말 한마디와 공경하는 마음가짐이었다.

남편은 퇴직 후 소속감이 없어진 자신이 초라하게 느껴지지 않도록 신경을 많이 썼다. 아이들에게 그동안 가족을 위해 수고한 아버지께 감사함을 잊지 말라고 다시 한 번 인식시켜 주었다. 혹시 나 자신도 소홀하지는 않았는지 되돌아보게 되었다. 처방받은 약으로 그날 밤은 잠을 푹 잤는지 아침에 눈을 뜨고 나오는 기색에서 말을 하지 않아도 알 수 있는 표정이었다. 나도 기분이 좋았다. 가만히 생각하면 불안증은 아직 오지 않은 미래에 대해서 미리 걱정하는 것이다. 걱정한다고 될 일이면 걱정을 하지만 그런다고 해결될 일은 아니라는 것은 또 한 번의 사유가 되었다. 걱정이 불안, 초조, 공포까지 만들어 몸과 마음을 갉아 먹는다. 그리고 스트레스는 병과 암덩어리로 변할 수 있다는 사실이다. 현재 자신의 몸과 마음을 바로 보는 훈련이 필요하다. 그래서 몸과 마음이 함께 건강해지는 108배를 같이 해보자고 제안을 했다. 그때가 2019년 3월 즈음이었다.

처음에 남편은 마음에 다가오지 않았는지 시큰둥한 반응을 보였다. 그런데 어느 날 남편이 안방에서 부처님전에 108배를 하고 있는 모습을 보았다. 나도 절을 하면서 그동안 남편에 대한 잘못이 있으면 모든 걸 참회하기로 마음먹었다. 그 당시 50대 초반에 찾아온 갱년기로 나도 참 많이 힘들었다. 갑자기 열은 오르고 감정기복이 심해지더니 짜증이 나기도 했다. 얼굴엔 홍조까지 겹쳐서 불편함은 상당했다. 하지만 나의 불편함도 잠시 접어두고 절하는 동안은 오롯이 절에만 집중을 하기로 하였다. 한 달 지나 두어 달 즈음에 몸이 차츰차츰 가벼워지는 느낌이었다. 나와 함께 했던 홍조현상도 조금씩 나아지고 감정의 기복 또한 조금씩 사라져 갔다.

절을 통해 배운 것이 참 많다. 내려놓음으로써 하심하는 마음을 배웠고 공경하는 마음을 가지게 되고, 하심하는 마음은 우리 마음을 근본으로 되돌리는 것 같다. 공경하는 마음이 싹이 트니 세상모든 것이 허투루 보이지 않았다. 모든 것이 아름다운 존재라는 것을 깨닫게 하였다. 절은 신도들이 절을 많이 한다고 절이라고 했는지도 모르겠다. 수행하는 방편으로 절은 우리의 몸과 마음을 정화하는 데 대단히 큰 역할을 한다.

난 108배를 108일 후 회향을 했다. 남편도 절을 하면서 힘들어하긴 했지만 꾸준히 노력하고 있었다. 불교의 수행은 다양하다. 염불, 절수행, 간경, 사경, 참선을 통해 나 자신을 바로 알게 해 주었고 진정 어떻게 살아야 하는가에 대해 방향을 잡아준다. 삼귀의와 오계를 통해 실천하는 것은 재가불자의 실천 덕목이다. 삼귀의와 오계를 잘 지킨다면 인간관계에서는 아무런 문제가 생기지 않는다. 우리가 살아가는 데 계를 지키는 것만큼 중요한 것은 없다. 계를 지킴으로써 자신을 보호하고 생명을 사랑하게 되고 생활습관이 바뀌게 되고 행동이 바뀌게 된다. 또 절제의 미덕이 생기고 음식도 먹을 양을 절제하며 자제할 수 있게 된다.

정성스럽게 만들어 적당한 양으로 버리지 않는 것 또한 수행의 일환이라고 생각한다. 일상이 수행 아님이 없다. 절에서 오신채를 금하는 이유는 향이 강하고 열을 내는 음식을 섭취함으로써 수행에 방해되는 음식으로 여겨 멀리하는 지혜로운 결과이다. 진정한 수행자로 사는 삶을 위해서는 멀리하는 것도 좋은 방편이 된다. 나 자신도 안 먹으려고 노력한 적이 있다. 재가자는 가족과 함께 생활을 해야 하는 상황이니까 가족과 함께 맞춰야 하기에 지켜지기 어려운 부분은 있다. 그래도 노력은 하고 있다. 야채를 삶기 위해 썼던 뜨거운 물도 개수구에 함부로 버리지 않는 습관이 생겼다. 생명의 소중함을 알기 때문이다. 그 어떤 것도 소홀하게 보아 넘길 수 없다.

생명의 소중함은 연민과 자비가 따른다. 연민과 자비는 훌륭한 실천적 수행이다. 어느 정도 마음이 우러나오는 시기가 되면 수행이라고 할 것은 없다. 그냥 마음에 늘 따뜻한 마음이 자리하고 있다. 물 한 방울에도 온 천지의 기운이 서려 있음을 깨닫게 되는데 하물며 사람은 말해 무엇하겠는가. 진정한 자비의 실천은 의식이 확장되어 남의 아픔도 함께 하는 연민이다. 삭막하였던 자신을 따듯한 사랑으로 실천해 보고 싶다면 그러한 생각을 끊임없이 하면 되었다. 그것이 정진이었다.

어느덧 나에게 따듯한 봄은 찾아오고 있었다. 연민들이 되살아나고 쓸데없는 에너지 소모는 없다. 연민과 자비를 실천하기 위해선 자신의 끊임없는 노력이 뒷받침되어야 했고 따듯한 마음이 움직였다. 그것은 용기와 열정 배려의 마음이었다. 자신을 잘 다스리고 제어함으로써 인내하고 나누는 기쁨은 그 어떤 것과도 바꿀 수 없는 큰 이익이다. 어떠한 고난과 어려움이 와도 견딜 수 있는 힘이 발휘된다.

또한 《금강경》은 나에게 커다란 희망을 안겨 주었다. 그동안의 이기심과 아상을 깨트려주는 자신의 틀 속에 갇혔던 부분을 더 높이 더 넓게 세상을 향하게 해 주었다. 많은 희열을 안겨주고 위안을 준 청정수와 같다고 할까. 《금강경》 독송하면서 눈앞에 나타난 경계로 인해 한동안 졸음이 엄청 쏟아진 적이 있었다. 경계가 나타나면 나타나는 대로 허용해 주었다. 그것도 나 자신의 잠재의식 속에서 발동한 것임을 알았다. 한동안 혼침 속에서 벗어나니 그 경계가 사라져 갔다. 너무나 뛸 듯이 기쁜 순간이었다. 응무소주 이생기심은 우리의 감각기관을 이루는 마음에 머무름 없이 그 마음을 내어야 한다는 것을 강조한 가르침이다. 일체 모든 것에 머무름 없이 행하여 무상에 대한 자각을 일으킬 수 있는 것이란 말씀이 나를 열심히 이끌어 주었다고 해도 과언이 아니다. 그것은 훌륭한 의사의 약 처방과도 같았다. 믿음이란 싹을 틔워주고 인간의 존재 이유를 알게 하는 위대한 성인의 말씀은 희열과 평안을 가져다 주었다. 《금강경》을 권장해 주신 봉녕사 주지스님께 감사드린다. 큰 마음을 낼 수 있도록 길을 열어 주셨다.

불교를 접하게 된 것은 팔정도를 보고 나서였다. 내가 찾고 있던 진리의 갈증이 나를 봉녕사로 향하게 만들어 주었고 아이들이 성장하고 대학을 졸업하면 아이들을 위해 무엇을 할까 고민하다가 바르게 살아보자는 생각이 있었다. 그래서 내게 팔정도는 물을 만난 물고기처럼 때를 잘 만난 것 같았다. 수용하며 잘 따라가야겠다는 자신과의 약속으로 이어졌다. 정견과 정사유, 정어, 정업, 정명, 정정진, 정념, 정정이 그것이었다. 팔정도는 내가 찾던 보석과 보물과도 같다. 바로 내가 찾던 길이기도 했고 갈망이 있었기에 더욱 그러했다. 정견으로 세상을 바라보면 높고 넓은 세계가 한마음이라는 것이다. 모두가 마음을 통해 세계가 만들어졌다는 것을 알게 되었다. 나의 사견과 편협된 생각이 나를 형성하게 되었고 그로 인해 앞을 가로 막는 장애가 되었다는 것이 자각되었다.

남편이 108배를 회향하고 나서 남편에게 봉녕사에 가서 진입로를 청소하면 학인스님의 공부시간에 도움이 되리라 생각되어 봉사하는 건 어떻게 생각하느냐고 물었더니 마음이 동했는지 얼마 후 빗자루와 삼태기를 사서 일주일에 2, 3회 진입로를 쓸면서 얼굴이 밝아졌다. 코로나19로 인하여 산문을 폐쇄하는 시기가 있었을 무렵 하루이틀 못가면서 회향을 했다. 다시 가려고 하니 용기가 나지 않아 쑥스럽다고 무슨 낯으로 가냐고 했다. 병원 내원 후 남편한테 불연을 맺어줄 기회를 보다가 때가 된 것 같아 법요집 선물을 안겨주었다. 《천수경》과 《법화경》을 열심히 독송하고 있다. 남편에게 그렇게 불법의 연을 이어주었다.

난 작년에 체계적으로 공부를 하고 싶다고 생각을 했는데 드디어 꿈이 이뤄졌다. 10년 다니던 직장에서 작년 봄에 명예퇴직 신청을 받는다고 하기에 나에게 좋은 기회라 여겨 남편과 상의 후 사직서를 냈다. 어려운 시기이지만 용기가 필요했다. 생활하는 데 경제적인 지원도 그렇고 우선은 있는 돈으로 생활해 보기로 하였다. 걱정도 잠시 그것이 살아가는 데 걸림이 되지는 않았다. 긍정적으로 생각하니 나에게 공부할 시간이 주어진 건 정말 대단한 행운이었던 것 같다. 나의 열망을 아시고 온건 아닐까 하는 생각도 잠시 들었다. 만약 명예퇴직 신청을 받지 않았다면 지금도 다니고 있을 직장이었다. 그것마저도 감사하게 여긴다. 정진의 힘이 없었다면 꿈도 꾸지 못했을 일이었다.

작년 여름 학기에 동국대 학점은행제에 등록하고 강의를 듣고 있다. 요즘엔 코로나 시절이라 줌으로 강의를 듣는다. 나이 들어 무언가를 한다는 건 시간과 용기와 열정이 뒷받침이 되어 주어야 가능하다. 그리고 희망이 있어야 하고 항상 열심히 노력해야 한다. 이제는 도반으로서의 남편을 응원하며 함께 가는 길이 즐겁다. 남편도 조금씩 변화해가는 모습에서 환희를 느껴본다. 어느 날 남편은 운동을 나갔다 들어와서 양동이를 들고 장갑을 준비하더니 동네 산 아래 버려진 막걸리 병을 주우러 간다고 같이 가자고 해서 흔쾌히 따라 나섰다. 목적지에 가니 버려진 막걸리 병이 눈에 띄었다. 남편이 주워 오면 난 양동이에 있는 물을 따라서 흔들어 가셨다. 눌러 붙은 찌꺼기는 잘 가시지 않아 물에 담아 불기를 기다렸다. 다 줍고 나니 김장용 비닐봉투로 두 자루가 되었다. 재활용 수거함에 가져다 놓고 집으로 돌아왔다. 어느 누군가는 양심을 버린다. 왜 그곳에 버렸을까. 그 누군가도 불성이 자라기를 바란다.

작년 가을 아들은 친구관계로 고민을 하다가 혼자만의 힘으로 해결이 어려웠던지 내게 다가와 손을 내밀었다. 표정을 보니 고민한 흔적이 역력해 보였다. 먼저 따뜻한 마음으로 꼭 안아 주었다. 그리고 아들이 먼저 얘기하기를 기다려 주었다. 눈에는 눈물이 그렁그렁하였다. 울고 싶으면 마음껏 울어도 괜찮다고 등을 토닥여주니 내 무릎에 머리를 기대어 울음을 토해내었다. 눈물을 쏟더니 그제야 마음이 후련해졌는지 차근차근 이야기를 하기 시작했다. 가만히 잘 들어주었다. 그때는 들어주는 것만도 큰 위안과 약이 되는 것이 사실이었다. 그리고 아들은 아픈만큼 성숙해 갈 것이다. 아들은 고맙다는 인사와 함께 자신을 돌아보게 되었다는 희망적인 말을 남기고 자기 방으로 돌아갔다. 대견한 아들이 좀 더 넓은 세상을 향하여 마음이 넓어지길 바라면서 아들과 아들 친구들을 위해 서로의 마음과 마음으로 따듯함이 전달되길 바란다.

　살다 보면 뜻하지 않게 상처를 받기도 한다. 또 내 잘못으로 인해 상처를 주기도 하고 이러한 감정과 생각은 나만의 이기심에서 나온다. 좀 더 넓은 시각으로 바라보는 연습이 필요하다. 하지만 당장에 힘들어하는 아들에게 위로의 말 한마디가 중요하였다. 그래 너도 소중한 존재고 상대방도 똑같은 존재라는 것을 알고 자신을 꼭 안아 주도록 해주었다. 그 친구와 사이가 좋았을 때 생각이 나면 그 생각에 잠시 멈춰보라고 하였다. 고마움과 미안한 마음이 든다고 했다. 그 친구에게 바라는 건 없었는지에 대해 생각해보고 바람도 갖지 말고 친구의 장점을 먼저 보고 너의 좋은 점을 보는 연습을 하도록 했다. 한참 지난 후 마음의 안정을 찾았는지 이제 마음이 편해졌다고 하면서 방문을 열고 나가는 뒷모습은 처음 들어올 때의 모습보다는 한층 밝아져 보였다. 우리는 모두 각자의 근본자리가 있다. 근본자리로 돌아가기 위해 게으름 없이 늘 정진하는 노력의 자세가 필요하지 않을까.
　원래의 자리를 되찾기 위해 지금 바로 여기에서 행복하고 끊임없이 정진해 나가는 끈을 놓지 않을 것이다.

　시방세계 부처님께 귀의합니다.
　시방세계 가르침에 귀의합니다.
　시방세계 스님들께 귀의합니다.

바라밀상

다시 명상을
시작하다

—

동진 양사현

1. 붓다와의 친분

살면서 종교를 찾게 되는 이유는 무엇일까. 태어난 환경도 영향을 미치지만 삶의 고난과 역경이 닥쳐올 때 단순히 의지하고 싶거나 삶에 대한 의미, 목적을 발견하고자 종교를 찾게 되는 것 같다. 암울한 청소년기에 일타 큰스님의 일대기를 읽고 머리끝부터 발끝까지 모골이 송연해지는 발심을 한 이후, 불교에 더욱 관심을 가지게 되었던 나는 한 번 사는 인생, 제대로 살아보자며 스님이 될 결심을 했었다. 가족의 안녕을 위해 새벽예불을 다닌 어머니를 따라 삼남매가 졸린 눈을 비비며 따라다닌 경험과 불교교리와 진리에 대한 탐구열로 가득했던 아버지의 이야기보따리를 들으며 간접적으로 들은 걸로 풍월을 읊었지 싶다. 그래서인지 깨달음을 얻고 나면 세상을 조금 더 쉽고 명확하게 살 수 있을 것이란 확신이 있었다.

외부보다는 내부를 정밀히 바라볼 수 있을 때라야 외부의 여건들과 상황들도 나의 뜻에 맞추어 흘러간다고 생각했다. 막연하게만 생각하고 이상이 높았던 한 아이의 원대한 꿈일 뿐이었다.

2. 깊은 인연

가. 티베트 수행

고등학교 시절 첫 아르바이트를 관두고 티베트 수행 프로그램을 냉큼 따라갔다. 사장님께는 죄송했지만 당시의 나에게는 삶을 좌우하는 중요한 일이었다. 오죽하면 친구들과의 약속도 큰스님들의 법문이 있다는 소식을 들으면 바로 파기하고 달려가기 일쑤였겠는가. 감사하게도 어린 나이라 참가비용보다 자원봉사로 임할 수 있도록 주지스님께서 배려해주셔서 다양한 각도에서 수행에 임할 수 있었다. 린포체께서 영어로 법문하시는 모든 내용을 받아 적고, 방문한 외국인에게 통역하기도 하고 해당 내용을 내 스스로 체험해보려는 등 최선을 다했다. 그런 안간힘 때문인지 린포체가 꿈에 나와 공중제비를 돌기도 하고 나와 질의응답을 하기도 했었고, 린포체가 법문하실 때 그 분의 얼굴이 녹색 따라보살(관세음보살의 눈물에서 화현한 보살)과 남색 마하깔라(관세음보살의 분노존)의 색깔로 겹쳐보이는 기이한 현상을 경험하기도 했었다. 신기해 하는 나를 둘러싸고 주변인들은 귀한 경험을 했다며 업장이 소멸되고 있는 중이라며 격려의 말씀을 던져주시곤 했다.

나. 출가 – 행자생활

그렇게 수행 프로그램을 인연으로 한 사찰의 주지스님께서 출가하지 않겠느냐고 권유하셨고 그길로 그 분을 은사스님으로 행자체험을 하게 되었다. 당시 나 말고도 행자형님들이 더 계셨는데, 만 19세가 되지 않아 나만 삭발을 하지 못하고 사내자식마냥 짧게 더벅머리로 머리를 잘랐다. 법명을 하사받고 법당에 들어서자마자 절하면서 눈물을 철철 흘렸던 그 순간이 지금도 생생하게 느껴진다. 부처님의 도량에서 제자가 된 것이 너무 감격스럽고 감사하고 행복했다. 이 귀중한 인연에 이르기까지 나는 감히 업을 조금 벗었다고 생각했었다. 그도 그럴 것이, 어릴 때부터 짜증과 화가 너무 많아 부모님을 괴롭게 했던 아이에서 단박에 어른스럽고 담담한 아이로 탈바꿈하여 출가까지 하게 되었던 것이다. 가장 놀랐던 사람은 엄마셨으니 오죽할까. 그러나 얼마 되지 않아 한 철을 나기도 전에 모든 것은 무상(無常)하다는 것을 절감하게 되었다.

다. 불교학과 입학

동국대학교 경주캠퍼스의 교수님들과 환경이 진또배기 불교를 대학이라는 사회의 교육장에서 배울 수 있다는 이야기를 듣고 바로 지체 없이 불교학과에 수시원서를 넣었었기에 장학금 100퍼센트를 받고 입학할 수 있는 통지서가 사찰로 배달되었다. 동안거가 한창이었기에 오티는 참가하지 않았지만, 그렇게 대학생활이 시작되었다. 단절된 생활을 하다가 세상과 만나니 어찌나 기쁘던지. 또래를 보는 게 그렇게 반가웠다. 그때부터 세상에 대한 관심과 돌아가는 구조에 대해 궁금증이 생기기 시작하면서 수행에 대한 집념은 사뭇 떨어지기 시작했다. 어쩌면 무거웠던 유년 시절 집안분위기 속에서 어깨너머로 터득한 불교는 고리타분하고 지루할뿐더러 어쩌면 틀에 박힌 '~이래야 한다'는 관념으로 받아들였던 탓일 수도 있겠다.

라. 탈피 그리고 복귀

그렇게 세상맛에 들려버린 중생은 사찰의 일상과 성직자로서의 책임감이 너무나 족쇄처럼 느껴졌기에 고민에 고민을 거듭한 끝에 방학을 맞이해 돌아간 사찰에서 은사스님께 그만두겠다는 폭탄 선언을 하게 된다. 그때는 생각이 어디 덫에 갇힌 것처럼 더 관점을 넓혀 생각할 수 없었다. 내가 느꼈던 나의 모습은 쌓아올렸던 탑이 한순간에 와르르 무너지고 '업장(業障)'이라는 두껍고 거대한 석벽 앞에 처량하게 쓰러져 있는 모양새였다. 지금 생각하면 수행자라는 것은 외형에 머묾이 없는 것일진대 그 모습이 뭐라고 그렇게 부담스러워했을까 싶다. 결국 그 반항은 주지스님이 부엌가위를 한 손에 쥐고 다른 한 손은 어수룩한 중생을 의자에 앉힌 뒤 덥수룩해진 머리('자라난 번뇌'라고 하시며)를 잘라 줘 파먹은 모양의 머리스타일로 재탄생시키는 것으로 일단락 된 이후 현실이 되었지만 말이다.

하지만 살면서 배우고 그 모든 과정에서 익혔던 내용을 현실에 적용하는 재미가 쏠쏠했던 것은 매한가지였다. 같은 현상이 나타나더라도 나의 반응에 따라 변화하는 삶의 흐름이 즐겁고 신기하다 못해 이런 사실을 알고 있는 어린 내 자신이 뿌듯하기까지 했다. 오래도록 이런 자세로 살다가 죽고 싶었다. 부처님이 발견하신 진리를 나도 탐색하여 내 것으로 만들어 이 생을 지혜롭고 유익하게 이번 삶의 숙제를 풀어나가고 싶었다.

마. 만우장학생 – 미국 프로그램

그러다 대학교 2학년, 최연소 만우장학생 5기로 뽑히게 되면서 내 삶은 360도 달라졌다. 당시 장학회를 설립한 선배이신 조일환 명예교수님께서 학교 측에 짝사랑은 이제 그만하고 싶다시며 강력 어필해 주신 덕분에 기존의 2달 미국 불교 체험 프로그램에서 학교 교환학생 프로그램 5개월을 포함하여 총 7개월의 연수를 다녀올수 있었다. 미국 프로그램 속에는 고엔까 위빠사나 명상 프로그램이 포함되어 있었다. 단언컨대 이 수행에 참여하며 더욱 스스로와의 거리가 좁혀졌으며 위대한 선배 고타마 싯다르타의 여정을 손끝의 때만큼이라도 맛볼 수 있었다고, 가장 행복했었다고 함박웃음 지으며 말할 수 있다. 극심한 고통을 단 한순간의 찰나로 뒤집을 수 있는 힘이 내재되어 있음을 느꼈기 때문이다. 마치 잔잔한 물결에 물 한 방울이 또-옥 하고 떨어지듯이, 잔잔히 백회에서부터 회음부까지 일렁이는 파장과 같았다. 실제로는 0.001초가량의 매우 미세한 찰나였던 것 같지만 내가 느낀 시간은 10분과 같았다. 황홀했다.

바. 만우장학생 – 태국 프로그램

대학교 3학년 때는 태국으로 한 달간 담마까야(태국어로 '법신'을 뜻함) 사찰에서 머무르면서 태국문화를 비롯한 담마까야의 수행법을 배울 수 있었다. 담마까야는 40년 사이에 급부상한 신흥 불교세력이었는데, 체계적인 프로그램, 뿌리 깊은 불교문화와 수행법이 인상적이었다. 언젠가 수행법에 대한 설명을 해주시던 담당 스님이 알려주신 40년 만에 급부상할 수 있었던 담마까야의 핵심 요인은 바로 담마까야의 수행법이라고 했다. 스님에 대한 권위가 상당히 높은 태국에서 재가불자들 사이서 영험한 수행체험기가 소문이 퍼지면서 삽시간에 큰스님을 따르는 사람들이 늘어났다고 한다. 그래서 그런지 수행복을 입고 참가하는 본토 사람들도 여럿 보였다.

영국 출신의 담마까야 스님이 주도하신 첫 주 동안 호흡에 집중하려고 스스로를 채찍질하다가 "명상하다가 잠이 들어도 그대로 수용하라"는 얘기를 해주셨다. 자도 된다니. 신박한 걸? 그래서 모든 의도를 내려두고 반가부좌 자세로 고개가 어디로 꺾이든 개의치 않고 무아지경으로 갔다. 그런데 이게 웬걸, 진짜 며칠이 지나니 잠이 오지 않았다. 오히려 더 명료해지면서 스무드하게 호흡을 관하는 자신을 발견하고는 상당히 놀라 감격스러워했던 기억이 난다. 육신이 편안해지면서 명료해지는 정신을 처음 경험했던 것이다.

시간이 흐르면서 좌선을 하기도 하지만 보행을 하며 명상을 이어나갈 수 있는 자유시간이 있었다. 수행의 진도는 복부의 차크라에서 구슬 모양의 원형을 관상하는 수행법을 익히는 중이었다. 다들 관상법이 쉽지 않다며 투덜거리던 때였다. 걸음명상은 앞 사람과의 간격을 어느 정도 띄우고 한 줄로 걸어 다니는 방식이었는데, 내가 맨 앞에서 걷고 있었던 터라 앞 사람을 의식하지 않고 온전히 집중할 수 있던 좋은 기회였다. 어느 순간 집중에 가속도가 붙기 시작하더니 은은하게 크리스탈 구슬이 관해지기 시작하지 않던가! 신나거나 기쁜 마음이 들어 요동치기 보다는 아- 이제야 진행이 되는가보다 싶어 더 구슬에 집중하려고 온 신경을 모았다. 하지만 바로 그 때, 맞은편에서 걸어오던 어느 분이 우리에게 다가와 말을 걸면서(특히 맨 앞에 있던 나) 모든 모양과 평안함이 챙그랑 하고 부서지는 바람에 더 이어나가지는 못했다. 아쉬워서 동동 구르지 않았다고는 못하겠다. 그렇지만 부처님의 가르침은 이러한 현상에 집착하지 않는 것임을 다시금 되새기곤 했다.

사. 만우장학생 – 미얀마 프로그램

대학교 4학년 올라가는 겨울방학 때의 일이다. 학생회가 사라진다는 소식을 듣고 자치회의 성격을 잃어서는 학생들의 소리가 전달이 되지 않을 것 같아 학생회장에 도전하는 새해였다. 만우장학회의 이름으로 미얀마 수행 프로그램이 열린다는 소식을 듣고 또 냉큼 지원했다. 감사하게도 뽑혀 재가자 학생으로는 유일하게 참가할 수 있었다. 미국 위빠사나 센터를 다녀오고 나서 한국 담마코리아(고엔까 위빠사나 센터 한국지부)에 봉사자 자격으로 참가했었기에 법맥이 조금 다르지만 그래도 위빠사나 계열의 수행을 하러 간다기에 설레는 마음 가득이었다.

미얀마에는 '큰스님'이라는 개념의 '사야도' 법맥이 크게 세 가지로 나뉜다고 들었다. 아래는 내가 이해한 대로 간단히 설명한 내용이다. (오류가 있다면 첨언 바람) 이 중에서 내가 참가했던 센터는 쉐우민 명상센터였다.

1) 코 호흡에 집중하는 삼매 수행 위주의 파욱 사야도 법맥.
2) 배호흡에 집중하는 삼매 수행 위주의 마하시 사야도.
3) 삿띠(마음챙김)로 시작하는 위빠사나 수행 위주의 쉐우민 사야도.

수행을 시작하고 2주에서 3개월까지 원하는 만큼 있을 수 있었지만 학생회 임무를 수행하기 위해서 2주가 끝나면 바로 귀국해서 새 학기를 준비했어야 했는데 이 점이 못내 아쉽기 그지없었다. 하지만 경험할 수 있는 이런 기회가 쉽게 오지 않는다는 것을 상기하고 귀중하게 사용하기로 마음먹었다. 그렇게 임한 쉐우민 센터에서의 수행 프로그램은 비유하자면, 마치 대학교 같았다. 고엔까 프로그램은 한국의 주입식 교육과정, 주어진 틀에서 진행하던 초중고의 프로그램같이 정해진 시간에 다함께 모여서 수행을 했지만 쉐우민 센터 프로그램은 기본 정보만 제공해주고 알아서 수행하라고 하는 식이었다. 굉장한 자유에 놀란 나는 처음에 주춤했지만 주변 어른들이 하시는 모습을 보고 따라하면서 감을 잡을 수 있었다. 그리고 중간 중간에 있는 우 떼자니야 사야도(돌아가신 쉐우민 사야도에게 인가 받은 제자이신 주지스님)와의 인터뷰에서 많은 조언을 들을 수 있었다. 원리를 배우고 있는 그대로를 바라보는 것이 이렇게나 힘이 강하다는 것을 느꼈다.

생각했던 대로 2주는 상당히 짧은 시간이었다. 같이 갔던 비구니스님께서는 당신 평생 이런 수행법을 만나 참 감사하고 행복하다고 하셨다. 이번 경험으로 인해 스님은 더 자유로워지고 편안해졌다고 하셨다. 그 이야기를 듣는 나도 참 행복해졌다. 옆 사람의 자유로움, 스스로의 틀에서 깨고 나온 상쾌함이 이렇게 향긋하고 기분 좋을 수 있을까 싶었다. 스님만큼의 획기적인 깨달음은 아니었으나 나도 나름대로의 노력과 영감을 얻었다고 생각했다.

그러나 다가오는 현실에 내 마음 저 한구석에서는 상당한 불안함과 두려움이 똬리를 틀고 있었다. 인지하고 바라보려고 했으나 끈끈한 번뇌의 끈은 나를 더욱 옥죄었다. 알게 모르게 이것이 몸으로 나타나기 시작했다. 감기에 걸리고 체했다고 생각했는데, 열이 나고 밤중에 화장실로 달려가 구토를 하고 몸져눕기 시작했다. 쉐우민 센터로 인도해 주시는데 주축이 되셨던 교수님도 같이 가셨는데, 그 분이 날 보시기에도 심각해보였다고 한다. 내일 모레면 비행기를 타고 귀국해야 하는데, 비행기를 못 타지 않을까 내심 걱정하셨다고 나중에 말씀해주셨다. 한국 사람들이 쉐우민 센터에 올 수 있도록 많은 역할을 해주신 청안 스님께서도 오셔서 몸을 만져주시고 걱정하셨다. 모든 사람의 걱정을 한 몸에 받으며 송구스럽던 참이었다.

몇 달간 머물며 수행하시던 한 보살님과는 오가며 인사를 드리던 사이었다. 그 분이 나를 한 방에 낫게 해주겠다며 당신 방으로 오라고 하셨다. 마침 조금 나아진 상태라 어기적거리며 그 분 방으로 갔다. 좌복에 앉히시고는 두 손을 꼭 잡고 내 눈을 똑바로 바라보셨다. 민망해하니 잘 보라고 하시며, "잘 들여다 봐. 네 마음이 네게 숨기는 사실을 잘 직시할 줄 알아야 해. 지금 이렇게 아픈 거? 내가 보기에는 한 방에 낫는다. 무엇으로부터 숨고 싶은 거야? 네게 건네는 말이 뭐야? 떠오르는 것을 바라봐." 하셨다. 손은 절대 놓아주지 않으셨다. 몇 번을 피했는지 모른다. 사실 조금 인지하고 있지 않던가. 스믈스믈 올라오는 기시감. 알고 있지 않은가. 내 몸이 아픈 것도, 내 마음이 뭐라고 하는지도.

눈물을 흘렸다. 학생회 같은 자체적인 조직을 꾸리고자 할 때는 마음이 맞는 사람들을 모아야 한다. 내 사람들과 같이 같은 목표를 향해 달려야 한다. 나는 기존 학생회 소속도 아니었고, 이렇게 특성이 뚜렷한 단체에 소속되어 어느 위치를 담당해본 적이 없다. 그저 우리 학과의 정체성을 비롯하여 학생들 모두가 잘 되었으면 하는 마음에 앞뒤 따지지 않고 그냥 무작정 돌진한 것이었다. 취업 준비하기 위해 시간을 써도 모자란 판에 누가 4학년에 학생회장을 하는가. 그렇기에 내 주변 친한 사람들은 모두 여건이 맞지 않았고, 학생회를 꾸리기 위해 사람들을 모으고자 발로 뛰던 시간들 끝에 미얀마 수행센터에 온 것이었다. 미얀마 수행센터에서 마지막 멤버가 동참하겠다는 전화를 받기도 했었다. 문제는 상황이 이렇게 진척이 되면서 심적으로 덜컥 겁이 나고 부담이 되기 시작했다는 것이다.

모든 선택은 나의 것이었고 후퇴할 곳도 없었다. 다시 눈물이 흘렀다. 그렇게 나의 마음 상태에 저항하지 않고, 판단하지 않고 인지하며 그대로 바라보았다. 보살님의 눈도 똑바로 바라보았다. 자세를 곧추세웠다. 바르게 핀 척추에 기운이 돌기 시작하면서 맑은 상태로 돌아오기 시작했다. 폭풍 같던 생각들과 반발하던 몸·마음 작용들이 스러져갔다. 보살님이 잡았던 손들을 어루만지기 시작하셨다.

"내가 말했지? 바로 낫는다고."

슬쩍 웃는 보살님을 비롯해 주변의 사물들이 명료하게 보였다. 많은 분들의 애정과 도움으로 긴급한 불은 껐고, 잔상이 남을 뻔한 것을 감사하게도 보살님이 말끔히 정리해주셨던 것이다.

그렇게 무탈하게 돌아올 수 있었다. 돌아오는 비행기 안에서 내 자신에게 다짐했다. 나의 한 해를 기필코 잘 해내리라고. 이번 소중한 경험에서 배운 것들을 매순간 잘 적용시키겠노라고. 그리고 가족들과 어느 사찰에 들러 법당에 올라가 불전에 인사를 드리는데, 1배를 하고 다음 동작을 이어서 하기 위해 고개를 드니 부처님이 보이지 않았다. '어라, 웬 나무형상이 저 자리에 앉아 있지?' 하는 생각이 들었다. 순간 스치는 것이 있었다. 선사들의 이야기들을 모아놓은 만화책을 읽은 적이 있었는데 그 중 어느 선사님의 이야기와 뭔가 비슷한 느낌이었다. 바로 다음 순간 짜릿한 느낌이 들었다.

'아, 기복적인 나의 믿음이 실질적인 믿음으로 탈바꿈하는 순간

이구나.'

기존의 종교에 의지하는 마음이 아닌, 정말 멋있고 용맹스러운 선배님이 오래전에 공유하신 내용을 오늘의 내가 경험하고 시야가 탁 트이는 순간까지 올 수 있었던 사실이 신기했다. 한 계단 오른 느낌이었다. 이 덕분에 뭐랄까, 불보살님들과 조사님들이 신비롭게만 느껴지지 않고 상당히 친근하게 느껴지기 시작했다.

3. 다시, 명상을 시작하다

가. 졸업 후 사회 초년생의 삶

불교학과를 선택했던 그 때의 내가 지금의 나를 보면 어떻게 생각할까. 상당히 이상적이었던 그 때의 나는 지금의 나를 이해하지 못할 수도 있다. 애처롭게 여길 수도 있다. 안타깝게도 이후 졸업하고 경험한 현실에서는 사실상 배운 것들을 적용하지 못했다.

이렇게 쓰고 보니 순수했던 내가 보여서 미소가 지어진다. 하지만 어느 순간 현실에 치여서, 그리고 명상이라는 것에 대한 이미지가 너무 견고하고 부담스러워서, 불교가 좋지만 부처님 가르침에서는 멀어져만 갔다. 뻔한 이미지로 내 마음 안에 자리했다. 제대로 알려고도 안하고 부정적인 이미지를 마음속에 쌓아올렸다. 그렇게 경험했던 행복함과 황홀경은 신기루처럼 회자되기만 하고 현실의 나에게는 나타나지 않았다.

'황홀하면 뭐해, 안하는데. 내 현실은 그대로인데.'

내가 원하는 현실은 그려지지 않고 끝없는 나락으로 추락하는 느낌이었다.

'스님들도 평생을 투자하시는데도 마음을 조복시키는 것이 쉽지 않아 고생하시는데 네까짓 게 뭐라고 불교학과를 선택했느냔 말이다.'

'기술을 먼저 선택해서 세상에 적응해 앞길을 찾는데 더 노력을 기울여볼걸. 그런 노력들 속에서도 삼매와 알아차림이 있지 않았을까.'

이런 잡념들이 샘솟듯이 퐁퐁, 이상과 현실이 맞부딪히는 많은 순간들 틈에 비집고 올라와 타르처럼 달라붙었다. 방향을 잃은 흔들리는 생각들로 삶의 의미를 찾지 못하기도 했었다.

그럴 때마다 알아차림을 하지 않은 것은 아니었다. 그러나 역부족이었다. 어느 순간, 열흘간의 미국 고엔까 프로그램이 끝나고 맞이하던 성년의 날, 창문으로 보이던 밤하늘의 달과 별빛들을 온몸에 힘을 풀고 바라보던 나의 모습이 마치 영화의 한 장면처럼 떠올랐다. 얼마나 평온했던가. 사람들 사이에서 지치고 힘들었던 그 모든 감정들이 한 순간 무상하다고 느껴지며 눈 녹듯이 사그라지던 그 순간. 일상으로 돌아와서도 계속한다면 몸의 근육처럼 마음의 근육도 단단해지리라 하며 다짐하던 그 순간 말이다.

우울해하던 어느 날 밤, 자기 전에 반가부좌를 했다. 다리의 살집이 서로 맞물렸다. 개의치 않고 그대로 있었다. 그대로 바라보기만 했다. 내적으로 스스로에게 혹독하게 던지던 말들도 지켜보았다.

나와 남을 비교하고 나의 이상과 그에 미치지 못하는 나 자신을 비교하던 열등감에서 비롯한 비루한 말들이었다. 화력은 대단했으나 오래가진 않았다. 단순히 파괴만 시키려는 나약하고 비열한 말들이 대부분이었다. 여태껏 많은 분들의 사랑과 애정으로 이 생을 영위해왔는데 짐짝처럼 제대로 활용할 줄 모른다는 관점이 나를 지배하고 있었다.

나. 다시, 원점으로

내가 왜 불교를 공부해보기로 결심했을까. 삶에 대한 태도를 익히고 한 번 사는 인생 핵심을 알면서 살고자 했기 때문이었다. 이번 생을 영위하기 위해 가장 필요한 '나'라고 하는 이 집합체의 평화가 가장 중요한 것이었다. 삶은 과정에 있다. 결과는 말 그대로 결실이 이루어진 값일 뿐이었다. 인생은 결과로 딱 그어지지 않는다. 무수한 과정 속에서 무수한 열매를 맺고 사그라지고 다시 만들어가는 무한한 변화성에서 이루어진다. 애정하기 그지없는 우리 대선배님, 석가모니 부처님이 발견한 법칙 덕분에 온 인류가 깨어날 수 있었다. 그 수혜를 지금의 내가 받고 있고 말이다.

인터넷의 발달로, 그리고 많은 플랫폼들의 등장으로 인류는 현재 급상승하고 있다. 그로 인해 인생의 비밀 혹은 법칙이라는 타이틀로 세간에 퍼지고 있는 마음의 힘에 대한 이야기들은 다양한 포장으로 널리 전달되고 있다. 아직은 중생으로써 미흡한 생각일지 모르지만 판도라의 상자처럼 널리 배포된 이러한 귀중한 이야기들은 보다 더 심오한 깊이까지 분석해 놓은 붓다의 가르침에서부터 뻗어져왔다고 생각한다. 부드러운 수용의 힘으로 나 자신을 꾸준히 관망하여 이 시대적 흐름에 올라타 내가 이 생에 이룰 수 있는 최선의 것을 이루어보겠노라 다짐한다.

바라밀상

진정한
불자의 길

—

금강수 권나경

새벽 다섯 시, 시계 알람 소리에 일어난다. 이른 새벽기도는 하루를 만들어 가는 소중한 시간이 된다. 정해진 시간에 일어나기 위해서는 전날 잠자리는 밤 11시를 넘기지 않도록 노력한다. 어쩌다 몹시 피곤하거나 몸 상태가 좋지 않더라도 약속된 알람시계는 잠든 나를 흔든다. 비몽사몽이지만 정신을 가다듬으려고 눈꺼풀은 무겁기 그지없다. 익숙한 몸을 일으켜 세안을 하고 나의 피돌기를 두드린다. 따뜻한 물 한 모금이 목줄기를 타고 내려가니 내면에 잠든 나를 일깨운다. 가정 법당 관세음보살님 전에 촛불을 밝힌다.

회주스님 독경과 함께 하루를 시작하는 마음은 새벽기도로 시작한다. 예불을 정성스럽게 하고 《천수경》을 한 뒤 관음정근, 축원, 반야심경, 법성게를 하고 난 뒤에 《금강경》 독송을 한다. 출근하는 날에는 평소 하는 기도를 하고 관음정근은 21독 하고 있다. 순서 따라 《금강경》은 1독으로 한 후에 아침 예불을 마친다. 주말에는 출근을 하지 않고 있어 순서에 맞추어 하고 다라니 정근은 108독을 염불한다. 다음으로 이어지는 관음정근은 60분을 하고 있다. 끝나면 108대 참회문을 부처님 명호를 부르며 꾸준히 절하고 있다. 이러한 생활 속 기도가 나의 일상생활에 젖어 있다.

어릴 때 두 종교를 가진 집안의 맏딸로 태어났다. 고령에서 어린 시절을 보내면서 철없던 단발머리 여자 아이는 한 지붕 방 한편엔 할머니 방에 무릎 꿇고 두 손 모아 십자가에 기도하는 소녀의 사진이 벽에 덩그러니 걸려 있었다. 수요예배 날이나 토요일, 일요일 날에는 할머니 따라 고령교회를 재미나게 따라 다녔다. 부모님은 할머니가 집요한 기독교 신자가 된 터라 종교가 다르다 보니 한쪽 방에는 향 피우며 제사를 모시곤 했다.

나의 유년시절은 멋모르고 지내 왔다. 어릴 때부터 교회에 다닌 탓일까 고등학교 때 친구 따라 교회를 갔다. 학생회에서 교인 친구들과 보내고 있었다. 일요일이면 교회를 찾게 되었다. 어머니는 동화사 가는 길 작은 사찰 태고종에 다니고 있었다. 그래서 어머니 따라서 절에 가곤 했었다. 결혼할 나이가 되자 자칭 불교인 집안 사람과 인연이 되어 결혼했다. 조모님은 칠곡 동명 유학산 산기슭에 위치한 작은 암자에서 칩거하시며 지내셨다. 사월 초파일 부처님오신날이 되면 남편과 시어머니 따라 그곳을 찾았다. 자식이 생기니까 한두 번 가던 암자는 조모님이 작고한 후부터 아득한 이야기가 되었다. 결혼해서 처음으로 시어머니께 불상 앞에서 두 손 모아 절하는 것을 배우게 되었다. 오랫동안 기독교가 자리 잡았던지라 쉽사리 불교를 받아들이기가 힘들었다. 살면서 남편은 하던 사업이 어려운 곤경에 빠졌다. 마음을 의지할 의지처를 무심코 찾던 나는 팔공산에 위치한 선본사 약사여래불님을 친정어머니 따라 찾게 되었다. 그것이 계기가 되어서 한 달에 한 번씩 꼬박을 갓바위 부처님을 친견했다.

어릴 때부터 기독교가 몸에 익어서 쉽사리 불교를 받아들이기가 어려울 것 같았는데 나의 믿음은 약사재일 날에는 선본사 약사여래불님을 찾게 되었다. 14년간 다녀온 일천삼백오십육계단을 한 계단씩 오르며 약사여래불 명호를 부르면서 오르곤 했다. 힘들게 정상에 다다르면 머리에 갓을 쓰고 좌선하시는 약사여래불님께 절하는 사람 따라 108배 절도 하고 작은 불자책으로 염불도 따라하곤 했다. 절에 가던 날에는 아침 6시에 집에서 출발해서 갓바위 가는 버스로 1시간 달려간다. 절에 오르기 전에 공양미와 향과 초를 준비하고 계단을 오른다. 혼자서 한 달에 한 번씩 오르던 길을 차츰 부처님과 가까운 거리에 두었다. 불심이 자리 잡았던지라 약사재일 날은 비가 오든지 눈이 내리든지 할 때는 마음만 둘 뿐 날씨만 원망했다.

미용일을 했던 터라서 손님 중에 어느 한 분이 영대 네거리에 위치한 대관음사에 다닌다고 했다. 한 번씩 올 때면 절에 갔다 온다고 하는 걸 알고 문득 한번 가볼까 해서 궁금하던 차에 대관음사를 찾게 되었다. 불교 교리를 듣고 싶다는 생각이 들었다. 도심에 자리 잡고 있는 대관음사를 호기심으로 찾았다. 절 입구 옆에 노천법당 군다리 부처님이 온화한 미소를 지으며 맞이하셨다. 한 손에는 감로수병을 들고 계셨다. 절 입구에 들어서니까 너무나 조용했다. 계단을 따라 오르니까 스님께서 법문하시는 모습이 보였다. 처음에는 법당 밖에서 듣다가 잠시 후 보살님 한 분이 곁으로 다가오기에 처음 이곳에 왔다고 하니까 잘 오셨다고 하시며 무척 반기셨다. 수업 중이라서 스님이 법문하시는 걸 경청하고 싶었다. 살며시 문을 열어 보니까 많은 학생들이 수업하는 걸 보았다. 맨 뒷줄에 앉아 수업에 동참해 보았다. 그 후로 나의 불심은 또 한 번 찾게 되었다. 지하식당에서 TV 화면으로 수업을 들었다. 마음속에 저미는 스님의 법문에 매료되었다. 세 번째 찾던 날 나는 결심을 했다. 종무소에서 수업할 수 있도록 스스로 신청접수를 했다. 일을 하기 때문에 화요일 오전반에 수업을 듣기로 하고 97기에 한국불교대 신도가 되었다. 생전 모르던 불교 경전을 회주스님께서 강의하셨다. 하나씩 차분하게 불교 교리를 배우는 불교인으로 거듭나게 되었다. 수업 날에는 너무나 흥미로워 차츰차츰 기본교리를 배워 나갔다.

그런데 1년간 수업을 할 동안 이상하게 흥미를 잃어 가는 게 아닌가? 집안 행사일로 수업시간을 놓치고 하더니 한두 번 결석하다 또 한 번 수업을 빠지고 나니까 서서히 못 가게 되었다. 불심이 적은지라 불교대와 멀어지게 될쯤 나의 불씨가 자랐던지 재입학하려고 마음먹고 누가 포교한 것도 아닌데 기초부터 다시 교리를 들을 생각으로 종무소에 가니까 같은 기수에 등록하라고 종무소 직원이 말했다. 직원의 소리와 무관하게 기초부터 다시 배우겠다며 신입생으로 입학하겠다고 말했다. 법당에서 법우들과 법형제가 된 후에

단 하루도 결석하지 않는 불자로 살아갈 것을 다짐했다.

　포교를 하면서 부처님오신날에는 가까운 지인들에게 등 권선을 지금까지 하고 있다. 가정과 불교대에서 봉사하면서 150기에서 4년간 기장으로 활동했다. 법사스님의《대승기신론》6개월 강의를 듣고 보니 법열에 불이 붙어서인지 부처님 일대기를 알고 싶었다. 그 길을 알려면 포교사가 되어야 했다. 포교사시험을 보기 위해서는 미용실을 하던 나였기에 수업 듣기가 무척 힘들었다. 강의를 듣고 해야만 시험을 칠 수 있는데 쉽사리 하기가 어려웠다. 포교사가 되겠다고 결심을 했기에 그 희망을 저버리지 않았다. 낮에는 일하고 밤 늦게까지 일을 마치면 집에서 1시간을 책을 보기로 마음먹었다. 강의시간 맞추어 듣지 못하자 포기할까 생각을 수차례 했다. 부처님의 일대기를 꼭 알아야겠다는 야무진 생각을 하면서 저녁에 한 시간씩 책을 보기로 했다. 책을 보면서 집중하게 되니까 부처님의 마지막 모습을 읽는 순간 펑펑 얼마나 울었던지. 마지막 열반에 드시기까지 부처님께서는 불법을 놓지 않으셨다.

　불자로서 지킬 생활규범 오계에서 첫째가 '불살생'이 아니던가. 집안에서 돌아다니는 파리와 모기는 예전에는 파리채를 휘두르며 살생을 하던 나였다. 불교에 입문하고 난 후로는 해충들까지 살려 보내고 있다. 어느 날 집 안쪽 구석진 곳에서 작은 구더기가 개미행렬같이 줄지어 벽을 휘감고 있기에 너무나 놀라서 살릴 마음으로 모두 집밖으로 살려 보내 주었다. 심지어는 아파트 앞에 무심코 다니는 비둘기가 고양이에게 습격을 당해서 부상당한 것을 먹이를 주어 걸어갈 수 있도록 했었다. 미용실을 했던 어느 날에는 출근하니까 몸이 강아지만한 쥐가 뜬 눈으로 넘어져 있기에 장례까지 해주었다. 그런 후로 여러 차례 비일비재 뭇 생명체를 돌볼 기회가 많았다. 그 순간은 무서움도 두려움도 없었다. 작은 벌레도 못 만지는 장본인인데 어떻게 그런 용기가 났는지 지금 생각하니까 생명의 존귀함을 알기 때문에 함부로 하지 않으려고 그렇게 한 것 같다.

　이론 시험 날이 눈앞에 다가왔다. 그동안 독학해서 공부한 것을 토대로 시험을 무사히 치르고 실기시험 목탁 습의까지 마쳤다. 시험 발표하던 날 합격을 했다는 것을 알고 뛸 듯이 기뻤다. 그 후로 진정한 포교사로 거듭나게 되었다. 포교사가 된 후로 지역봉사단체 정견팀에서 갓바위 계단 청소하는 봉사를 한다기에 선뜻 신청했다. 최초로 불교로 입문하게 된 계기가 된 갓바위 계단에서 14년간 올랐던 일천삼백오십육계단을 빗자루로 나의 지나온 삶을 계단 쓸기 봉사로 시작하게 되었다. 봉사 날에 정견팀 포교사님들은 저녁 6시에 갓바위 주차장에 집결하게 되었다. 빗자루를 들고 정상에 있는 계단을 1팀부터 중간 2팀, 계단입구 3팀으로 나누어 먼지 나는 계단을 묵묵히 쓸어 내려갔다. 조명불빛에 반짝이는 계단은 유리알처럼 곱기도 했다. 약사여래부처님을 친견하기 위해 계단을 오르던 봉사자들에게 고마움을 표시하며 고맙다고 눈인사를 했다. 봉사날에는 나는 먼저 시간을 만들어서 긴 빗자루를 들고 계단을 오른다. 선본사 약사여래 부처님께 108배 참배하고 계단을 위에서부터 쓸어 내려갔다. 한 계단씩 쓸면서 지나온 세월 알게 모르게 잘못한 일을 참회하듯이 정성껏 쓸어 내려갔다.

　봉사단체 정견팀에서 2년간 봉사를 했다. 살갑게 살았던 남편이 갑작스레 유명을 달리했다. 포교사가 된 후로 처음으로 봉사단체에서 함께 했던 정견팀들과 이별을 했다. 직업이 바뀌자 시간상 봉사할 시간이 맞지 않았다. 단장님에게 말씀드렸더니 그동안 함께했는데 정견팀에 남아있기를 원했다. 정견팀의 포교사님과 아쉬운 이별을 했다. 지금은 요양사로 어르신을 돌보는 일을 하면서 외롭게 사시는 어르신들의 말벗이 되고 곁에서 도움을 주는 일을 하고 있다. 현재 우리 절 한국불교대 문수팀에서 저녁시간 출석 체크 봉사를 하고 있다. 불교에 입문해서 공부했던 우리 절로 돌아와서 봉사날에는 빠짐없이 봉사에 참여 하고 있다. 진정한 포교사의 사명을 몸소 실천하면서 묵묵히 여법하게 걸어 나가고 있다.

바라밀상

시간에게도
시간을
주기로 했다

—

보명화 이예지

남편을 증오했었다. 쌍둥이를 낳고 엉망이 된 몸뚱어리도, 육아를 위해 커리어를 포기하게 된 것도, 사랑하는 엄마가 암에 걸려 아픈 삶을 살게 된 것도, 모두 다 남편 때문인 것 같았다. 퇴근길 숨을 몰아쉬며 들어오는 그의 숨소리가 미치도록 싫었고, 입을 쩝쩝거리며 허겁지겁 먹는 그와의 식사 시간이 지겨웠다. 그와 한 공간에 있다는 사실만으로도 소름이 끼쳤다. 그와 공유하는 내 삶이 행복하지 않았고, 하루라도 빨리 이 가정에서, 세 남자(남편과 쌍둥이)로부터 벗어나고 싶은 생각뿐이었다. 사랑해서 결혼했고, 쌍둥이라는 결실을 얻었는데도 매일 불행을 향해 달려가는 나를 보니 인생 참 아이러니했다.

남편이 싫어지니 자식도 예쁘지 않았다. 남편을 똑 닮은 두 아들이 나를 보며 웃을 때마다 묘한 감정이 들었다. 고기만 먹겠다는 반찬 투정도, 창문을 열어야만 잠을 자는 나와는 전혀 다른 잠버릇도, 뒤뚱뒤뚱한 걸음걸이도, 모든 게 남편과 판박이인 두 아들을 보며 내 자리는 없는 것 같았다. 허리가 끊어지는 아픔을 견디며 무거운 배로 열 달 동안 품었고, 마른 눈물을 삼켜가며 고통 속에 낳았고, 여자로서의 예쁨을 포기한 채 희생하고 있는 건 나인데, 왜 두 아들은 내가 아닌 그를 닮은 걸까. 억울한 마음에 분통이 터졌고, 참을 수 없을 만큼 화가 났다.

남편에 대한 증오심에 휩싸여가면서 내 삶은 점점 더 피폐해졌다. 뭘 먹어도 맛이 없었고, 심지어 먹고 싶은 음식도 없었으며, 뭘 해도 즐겁지 않았다. 가끔씩 즐겨 마시던 술도 취하기 위해 마셨다. 취하면 적어도 잠들 수는 있으니까…. 매일 똑같이 반복되는 육아의 굴레 속에서 괴로웠던 내 하루는 남편에게 소리를 지르는 것으로 시작했다. 그때의 나는 금방이라도 터져 용암이 흘러 넘칠 것 같은 휴화산 같았다. 언제 터져도 전혀 이상하지 않은 휴화산.

"제발 빨리 출근 좀 해!!"

잔뜩 화가 난 내 목소리에 못 이긴 남편이 어기적어기적 출근을 하고 나면 좀 살 것 같았다. 증오하는 그가 눈에 보이지 않으니 그나마 평정심을 찾을 수 있었다. 그리고 남편이 퇴근해 집에 돌아오면 또 다시 화가 나기 시작했다. 날이 갈수록 내 목소리는 점점 커졌고, 모든 순간이 분노로 얼룩졌으며, 온 가족이 내 기분을 살피느라 하루 종일 노심초사했다. 그렇게 나는 괴물이 되어 가고 있었다.

우울증이었다. 동생의 권유로 찾은 정신의학과에서 받은 진단명은 '우울성 분노조절장애'였다. 의사로부터 인간이 겪을 수 있는 우울감에도 정도가 있는데, 내 우울감은 최고조이고, 그로 인해 분노를 조절하는 뇌하수체에 이상이 생겼다는 설명과 함께 두둑한 약봉투를 건네받았다. 화가 날 때마다 한 봉씩 먹으면 되는 신경안정제였는데 2주치 치곤 양이 꽤 많았다. '이걸 다 먹으라고?' 고개를 갸웃거리며 병원을 나서려는데 의사로부터 뜻밖의 말을 들었다.

"이예지 씨, 우울증의 원인이 남편은 아닐 거예요."

짜증이 났다. 내가 우울한 이유가 남편 때문이 아니면 대체 무엇 때문이라는 말인가. 나는 저 인간만 없으면 행복할 것 같은데 말이다. 분노를 가라앉히는 약을 달라하니 돌아오는 건 듣고 싶지 않은 잔소리라니. 왠지… 돌팔이 의사 같았다.

약을 먹었다. 또 남편 얼굴을 보니 심연 깊은 곳에서 무언가가 부글부글 치밀어 올라왔다. 작디작은 숨구멍조차 없는 주전자처럼 금방이라도 터질 것처럼 끓고 있었다. 약을 안 먹을려야 안 먹을 수가 없었다. 약이 내 혈관을 통해 온몸을 한 바퀴 돌아 다시 심장으로 돌아오자 흥분됐던 감정이 이내 이성을 찾았다. 약을 삼킨 후에는 내 의지로 할 수 있는 것이 없었다. 이 작은 약 한 알이 사람을 좌지우지하는구나. 대한민국의 의료과학 기술에 놀라며 감탄하고 있는 사이 천천히 눈이 감겼다. 그리고 잠시 후, 눈을 떴다. 6시간이 흘러 있었다. 그 작은 약 한 알이 내 하루를 통째로 날려버린 것이다.

아침에 일어나 약을 먹고, 6시간을 자고, 밤이 되어서야 정신을 차리는 일상이 반복됐다. 정상적인 삶이 아니었다. 괴물이 되어 버린 나는 좀비로 변태하고 있었다. 일주일 넘게 결코 평범하지 않은 일상이 지속되면서 나를 향한 가족들의 걱정은 커져만 갔다. 엄마는 귀한 딸이 어떻게 될까봐 마음을 졸였고, 동생은 위태로운 언니의 가정에 평화가 오기만을 바라는 눈치였다. 다행인 건 내가 우울감에 물들어가는 동안에도 쌍둥이는 건강하게 자라고 있었다.

어느 날이었다. 약 기운에 취해 지내던 내가 멍하니 하늘만 뚫어져라 바라보고 있었나 보다. 옆에 있는 줄도 몰랐던 엄마가 말을 걸어왔다. 인생의 무게에 지쳐 힘없이 무너져가는 딸을 지켜보는 엄마는 나보다 더 힘들었을 것이다. 돌이켜 생각해 보니 그날 엄마의 목소리는 꽤 무거웠다.

"예지야, 쌍둥이 데리고 바람 쐬러 가지 않을래?"

"어디?"

"지리산."

"지리산?"

"응. 좋은 공기도 마시고, 맛있는 것도 먹고, 기분 전환도 하고 오자."

그렇게 나와 엄마, 쌍둥이, 동생은 지리산으로 떠났다. 계획에 없던 갑작스러운 가족여행이었지만 그래서 더 좋았던 것 같다. 달리는 차 안에 남편은 없었지만 말이다.

가장 먼저 도착한 곳은 지리산 화엄사였다. 같은 자리에서 수백 년 동안 뿌리를 내린 고목으로 둘러싸인 고즈넉한 절을 타고 흐르는 계곡물 소리가 아름다운 곳이었다. 자연 속에서 뛰놀며 좋아하는 쌍둥이를 보니 그간의 우울감이 싹 사라지는 것만 같았다. 이런 곳에서 이렇게 살면 참 좋을 것 같다고 생각했다. 그만큼 좋았던 화엄사의 첫인상은 여전히 완벽한 기억으로 남아있다.

그 곳에서 덕문 스님을 뵐 수 있었다. 알고 보니 엄마가 지인을 통해 어렵게 자리를 마련한 것이다. 어색하고 뻘쭘했다. 무슨 말을 어떻게 꺼내야 할지 몰라 쭈뼛쭈뼛하고 있었다. 그런 내 모습이 귀여우셨는지, 살짝 미소지어 보이시던 스님은 내게 '억울해하지 말라'고 말씀하셨다. 세상 모든 사람들이 비슷한 삶을 살고 있으니 '왜 나만 이래?' 하는 억울한 마음을 갖지 말라는 뜻이었다. 담백하고 간결하게 말씀하셨지만 내 눈엔 어느새 눈물이 고여 있었다. 스님은 나를 기억하고 계실까?

나는 그날 왜 울었을까. 나를 잘 알지도 못하는, 처음 뵙는 스님 앞에서 왜 그토록 진한 눈물을 마구 흘려댔을까. 친한 친구에게도, 온전히 내 편인 엄마에게도 털어놓지 못했던 마음을 툭 꺼내놓을 수 있었기 때문일까. 아니면 '네 맘 다 안다'는 눈빛으로 따뜻하게 바라봐주시던 스님의 모습에 무거웠던 마음의 짐이 덜어졌기 때문일까. 쌍둥이 육아로 인해 타의로 전업주부가 된 내 삶도 그리 나쁘지만은 않다는, 작지만 큰 위로를 받았기 때문일까. 적어도 그 시간만큼은 내 마음도 풍요로웠다. 그리고 나는 그날 이후, 시간에게도 시간을 주기로 했다.

사실, 스님을 만나고 돌아온 후에도 남편과의 관계는 썩 좋지 않았다. 나빠진 부부 사이가 회복되기엔 천문학적인 시간과 인간의 정성이 필요하다는 걸 그때는 알지 못했다. 서로가 서로를 위하고,

이해하며, 배려하고, 희생해야만 가정이 단단하게 여물 수 있는데, 나는 그저 조급하기만 했다. 나와의 대화를 피하려 하는 남편을 다그쳤고, 나 역시 좀처럼 마음에 여유가 생기지 않는 내 모습에 실망했다. 우리 부부는 금방이라도 부러질 듯한 위태로운 외나무다리를 걷고 있었다. 그리고….

얼마 후 가족과 함께 화엄사를 다시 찾았다. 남편에게도 덕문 스님과 만남의 기회를 주고 싶었다. 스님의 말씀에 남편이 과연 깨달음을 얻을 수 있을지는 미지수였지만 그래도 강행했다. 지리산의 거대한 자연 앞에서, 화엄사의 웅장함 앞에서, 남편은 고개를 숙이기 시작했다. 놀라웠다. 그 순간만큼은 남편이 달라진 것이다. 그는 아마 10분 남짓한 덕문 스님과의 대화 속에서 전에는 알지 못했던 많은 감정을 느꼈던 것 같다.

'옴 삼다라 가닥 사바하'

원망하는 마음이 생길 때 원한을 풀어주는 '해원결진언'이다. 사람과의 사이에서 불화가 생기거나, 누군가를 미워하게 되거나, 혹은 누군가로 인해 내 마음이 불안해질 때 외우면 좋은 진언이다. 남편과의 사이에서 괴로워하는 나를 위해 스님이 알려주신 기도문인데, 틈이 날 때마다 주문처럼 외운다. 밥 먹을 때도, 자기 전에도, 심지어 꿈에서도 외운다. 그렇게 외우고 나면 한결 마음이 편안해진다. 아마도 기도문을 외우는 그 찰나의 시간이 스스로를 들여다보고 평안을 찾아가는 과정일 것이다. 행복과 평화는 바깥에서 오는 게 아닌 내 안에서 오는 것이라는 걸 우리 모두는 알고 있다. 단지 받아들이지 않을 뿐….

우리 가정은 약 4년 만에 다시금 안정을 되찾았다. 나는 더 이상 약을 먹지 않아도 됐고, 그 사이에 쌍둥이도 좋아하는 여자친구가 있는 유치원 생활을 즐기는 어엿한 어린이가 되었고, 남편이 추진하던 사업도 어느 정도 자리를 잡아 전보다 시간과 경제적 여유가 생겼다. 상황이 이렇게 되니 자연스럽게 남편의 육아 참여 빈도가 높아졌다. 전업주부가 된 나 역시 전의 커리어를 고집하지 않고 새로운 공부를 하며 미래를 준비 중이다. 다행인 건 새롭게 찾은 이 일이 적성에 잘 맞는다는 거다.

남편이 헐레벌떡 숨을 몰아쉬며 집으로 들어오던 이유가 조금이라도 빨리 육아를 돕기 위해서였다는 것을, 허겁지겁 밥을 먹던 이유 역시 나의 한가로운 식사 시간을 보장하기 위해서였다는 것을 조금이라도 빨리 알았다면 어땠을까. 하루아침에 두 아들의 아빠가 되어 강제로 무거운 돌덩이를 짊어지게 된 남편의 인생 2막도 나만큼이나 부담스럽고 힘겨웠을 거라는 걸 왜 이제야 알게 된 것일까. 인간은 후회의 동물이라는 걸 새삼 깨닫는다.

요즘 들어 남편이 있다는 건 무너지지 않는, 가시 돋힌 울타리를 내 몸에 두르고 있는 것과 같다는 생각이 든다. 웬만한 비바람에도 흔들리지 않지만, 조금만 휘청거려도 성난 가시에 찔려 몸과 마음에 상처를 입기 때문이다. 유약한 남녀가 만나서 이룬 가정을 지키기 위해선 가시와 울타리 모두 한 마음으로 버텨내야 한다.

결혼이라는 사회적 제도에 갇혀 선택권도 없이 결혼을 해야만 하는 것이 아닌, 과거로부터 내려오는 전통적인 결합 방식에 의해 가정이 탄생하고, 신인류가 만들어졌다는 것을 나는 안다. 조금만 일찍 알았더라면 더 좋았을 것을. 물론, 지금 글을 쓰고 있는 이 순간에도 남편과의 사이에서 짜릿한 전류가 감돈다. 누구 한 명이 화가 잔뜩 나있는 상태다. 그래도 금방 잠잠해지겠지. 얼마 전 남편과 다녀온 바다 여행에서 남편의 말이 떠오른다.

"여보, 폭풍 같았던 힘든 시간이 지나고 나니 비로소 잔잔해진 바다가 보이네. 그동안 고생했어."

남편의 말끝에 내가 사족을 붙였다.

"여보, 아직 끝난 게 아니야."

우리 가족은 돌고 돌아 이제 본 궤도에 진입했다. 앞으로 더 지지고 볶겠지. 다만 분명한 건 '옴 삼다라 가닥 사바하'라는 거다. 지난 시간이 지금 우리 가족을 만들었듯, 지금 이 순간이 훗날 우리를 찬란하게 만들어줄 것이라고 확신한다.

바라
밀
상

엄마
괜찮아?

———

수월심 양순실

"엄마 괜찮아?"

어느 순간부터 "학교 다녀왔습니다." 대신 아들이 매일 엄마에게 건네는 인사말이다. 중학교 2학년인 우리 아들은 엄마가 잘못되면 어쩌나 걱정이 돼서 내가 귀찮다고 아무리 짜증내고 싫어해도 매일 이 말을 수없이 반복한다. 아들이 불안하고 엄마 걱정하는 마음을 알면서도 몸과 마음이 병들어 가족을 배려하는 마음이 나에게는 존재하지 않았다.

20년 동안 열심히 직장 생활을 하던 나에게 건강검진에서 유방암 선고는 청천벽력과 같은 소식이었다. 의사 선생님으로부터 "암입니다."라는 말을 듣는 순간 죽는다는 생각보다 '왜 내가 이 병에 걸려야 하지? 왜 나한테 이런 일이 생긴 거지?' 하고 납득이 안 되고 믿기지가 않아 받아들일 수가 없었다. 아무리 생각해도 그동안 살면서 남에게 해를 끼치거나 나쁜 짓을 하면서 살지 않았는데 하필이면 왜 나한테 이런 병이…

수없이 많은 시간을 나를 할퀴고 옆에 있는 가족들의 마음을 할퀴고 뜯어놓으면서 그렇게 보냈다. 수없이 많은 항암치료와 그보다 더 많은 횟수의 방사선치료. 암 치료에 대한 고통보다 그 병을 받아들이지 못해 괴로워하며 보낸 시간이 더 많았고 마음에 병이 더 심각해져 우울증이 극도로 심해져갔다. 살아가야 할 이유를 찾지 못하고 주위의 모든 사람들에게 상처를 계속 줬다. 중학생인 아들과 직장에서 힘들게 일하고 돌아오는 남편이 눈에 들어오지가 않았다. 그저 나 자신 이외의 주위 모든 사물과 사람들을 원망하고 미워했다. 점점 시간이 흐르면서 나 자신도 지쳐갔고 가족들도 지쳐가기 시작했다.

"엄마 괜찮아?"

졸업식에 혼자 외롭게 다녀오는 아들이 여느 날과 다름없이 건넨 한 마디에 머리를 한 대 후려 맞은 기분이 들었다.

'그렇지! 나에게는 가족이 있었지! 내가 이러면 안 되는 건데…. 나는 한 아이의 엄마이고 한 남자의 아내인 걸.'

고통의 시간과 함께 웃음을 잃어 버린 우리 가족들의 모습이 보이기 시작했다. 그 순간 TV에서 조용하고 아늑한 산사의 모습과 함께 청량하게 들려오는 목탁 소리에 분노와 억울함으로 가득 찬 감정이 조금은 가라앉는 걸 느꼈다.

다음날 마음이 이끄는 대로 근처에 있는 절로 향했다. 나 자신도 모르게 마음이 편안해짐을 느끼면서 아무 생각 없이 법당 안으로 들어갔다. 스님 한 분이 목탁을 치면서 무엇인가를 하고 계셨다. 그 뒤에 앉아서 무엇을 어떻게 해야 할지 몰라 앞에 놓인 불상들을 계속 쳐다보고만 있었다.

예불을 마치신 스님께서 뒤에 가만히 앉아 있는 내가 신경이 쓰였던지 차 한 잔 하고 가라고 권하셨다. 차담을 나누는 동안 스님께서 물어오셨다.

"지금 기분이 어떠세요? 부처님과 많은 대화 나누셨나요? 기분이 많이 나아지셨나요?"

그윽한 눈으로 쳐다보시는 스님과 눈이 마주친 순간 그동안 참아왔던 눈물이 왈칵 쏟아졌다. 처음 만난 스님 앞에서 내가 왜 이렇게 눈물을 흘리는지 나 자신도 이해가 안 될 만큼 펑펑 눈물을 쏟고 나니 괜히 마음이 후련해지는 것 같았다.

스님께 지금 내가 처한 상황을 말씀드렸다. 갑자기 암 선고를 받고 마음이 너무 힘들고 모든 것들이 원망스럽다고, 왜 나에게 이런 일이 벌어졌는지 믿기지가 않는다고 하소연했다. 내 신세 한탄을 말없이 듣고만 있던 스님께서 말씀하셨다.

"보살님, 부처님 법을 배우시고 조금씩 내려놓으면서 마음을 들여다보세요. 어느 순간 마음이 편안해지고 주위의 모든 사람들에게 고마움을 느끼실 겁니다."

스님의 추천으로 나는 불교대학에 입학하게 되었고 부처님 법을 조금씩 알아가기 시작했다.

부처님의 생애를 수없이 반복해서 읽고 또 읽었다. 처음에는 단어들이 이해가 안 되어 헤매기도 했지만 한 번 읽고 두 번 읽고 세 번 읽고 반복해서 열 번 이상을 차근차근 읽다보니 고개가 절로 끄덕여졌다. 그리고 그동안 너무 욕심과 아집에 휩싸인 나 자신이 보이기 시작했다.

그 후로 매주 사찰을 찾아 열심히 108배를 하고 나를 내려놓는 연습을 했다. 108배를 시작으로 300배 500배 조금씩 숫자를 늘려 1080배까지 무난하게 하게 되었다. 1080배를 하고 나니 생각이란 것 자체가 없어지고 머릿속이 그냥 하얘졌다. 잡념이 모두 사라지고 그저 부처님과 나만이 이 공간에 존재함을 느꼈다. 뭐라고 표현할 수 없는 희열과 함께 가슴이 벅차고 모든 것들이 감사했다. 내가 느끼는 이 감정을 다른 사람들에게도 전해주고 싶었다.

불교대학을 졸업하고 조금 더 부처님 법을 공부하고 싶어 포교사에 도전했다. 직장 생활 틈틈이 열심히 공부한 결과 포교사고시에 합격했다. 인생에서 그 어떤 합격 통지보다도 행복하고 신나는 소식이었다. 이제 내가 부처님 법을 알게 되면서 느꼈던 그 감정들을 다른 분들에게 전해줄 수 있다는 생각에 가슴이 뛰었다.

포교사로서 군 포교팀에 배정되어 매주 일요일마다 군인들과 만나 소통하고 군 생활에 힘든 부분들을 서로 공유했다. 우연의 일치로 우리 아들도 군에 입대한 상태라서 아들의 마음을 들여다보는 심정으로 군인들과 소통했다. 부처님 법과 함께 그동안 배운 상담 기법을 같이 활용하면서 애기를 나누고 다양한 활동들을 해나갔다.

제대하면서 많은 군 친구들이 종교 활동이 군 복무를 하면서 어렵고 힘들 때 많은 도움이 되었다고 사회에 나가서도 사찰에 가끔 갈 거라고 얘기를 해줄 때 얼마나 감사하고 행복한지.

4년여의 군 포교활동을 마무리하고 어린이청소년 포교팀으로 다시 배정받아서 이번에는 어린이들과 청소년들을 대상으로 매주 일요일 법회를 진행하고 다양한 체험활동들을 해나갔다.

뜻하지 않은 코로나19로 인해 많은 제약이 따랐고 대면법회가 어려워진 시기라 온라인을 활용한 법회를 진행했다. 요즘 아이들은 휴대폰, 컴퓨터에 능숙한 만큼 매체를 활용한 법회를 흥미로워 하고 호응도 역시 대면 법회보다 더 좋았다. 밴드 온라인 라이브 방송을 통해 아이들과 매주 일요일에 만났다. 아이들과 함께 고민도 나눠보고 부처님에 관하여 퀴즈, 게임 등 다양한 방법으로 불교에 대해 배워가기 시작했다.

열반재일 출가재일에는 다양한 방법으로 수행정진을 아이들과 같이 해나가면서 수행정진 공모에도 도전해보고 아이들도 성장하고 나 자신도 많이 성장하는 계기가 되었다. 어린이법회를 진행하다 보니 조금 더 전문적으로 불교에 대해 공부해야겠다는 생각이 들어 조계종디지털대학에 입학해서 전문 포교사에 도전을 했다. 배우고 돌아서면 잊어버리기 일쑤였지만 한 번 두 번 계속적으로 보고 또 보면서 나름 열심히 공부했다. 그 결과 디지털대학을 졸업하고 전문포교사자격 시험에도 합격을 했다. 어깨가 더 무거워지고 내가 알게 된 불교 지식과 지혜를 다른 사람들에게 더 많이 나눠주고 싶은 마음에 설레기도 했다.

어린이와 청소년들을 상대하다 보니 법회 활동에 상담을 많이 접목시키게 되는데 내가 배운 일반 상담과 같이 불교상담을 함께 배워서 포교하면 어떨까 하는 생각을 하고 있었는데 인근 사찰에 불교심리 상담대학 개강 소식이 들려왔다. 등록을 하고 다시 처음 부처님 법을 배우던 시절로 돌아가 열심히 공부를 시작했다.

불교상담을 공부하면서 느낀 것은 상담이론이나 기법에 치우치지 않고 있는 그대로 사물을 보는 견해로 시비를 가리지 않는 불교의 입장으로 상담을 배우고 실천한다면 다양한 어려움을 겪는 수많은 사람들을 그 아픔에 맞춰 약사가 아픈 사람에 맞춰 약을 처방해 주듯이 그렇게 상담을 해 나갈 수 있지 않을까 하는 생각이 들었다.

부처님의 가르침을 상담으로 활용하면서 바른 행동으로 이끌고 마음이 안정되게 하고 더불어 깨닫도록 도와주는 게 지금 내가 해야 할 포교이고, 내가 하고 싶은 포교이다. 이 순간에도 마음에 감기를 앓고 있을 많은 분들을 위해 내가 지금 배우고 있는 불교상담을 통해 조금이라도 위안을 주고 마음을 다독여 줄 수 있을 거라는 확신이 들기에 오늘도 난 퇴근 후 총총걸음으로 배움의 장소로 향한다. 앞으로 좀더 다양한 계층의 포교활동을 위해 더 열심히 수행정진하고 부처님 법을 공부하고 실천하면서 나와 내 가족 내 이웃과 더불어 모든 이들이 행복함을 느낄 수 있도록 최선을 다해 포교활동을 하자고 다짐을 해본다.

이제는 웃으면서 아들에게 얘기할 수 있다.

"아들아, 엄마 이제는 정말 정말 행복하고 괜찮아~."

봄
그리고
나

이○○

2006년 봄. 냉랭한 판사님의 판결을 뒤로한 채, 지친 몸을 이끌고 터벅터벅 버스에 올랐다. 이때까지도 차창 밖 세상이 동경의 대상이 될 줄은 몰랐다. 한 평 남짓한 방. 사방이 까만 일명 '먹방'에 갇힌 뒤에야 비로소 긴 한숨과 함께 자유를 떠나보낼 수 있었다. 그리고 매일 악몽에 시달려야 했다. 참으로 처량하고 절망적이어서 이런 삶을 계속 이어가야 하는지 의문이었다. 마음이 무거워졌다. 시간이 지날수록 고통은 더해가고 끝내 정신마저 불안해져 약에 의존해야 하는 실정에 이르렀다. 약을 먹으면 정신이 몽롱해지고 흐리멍덩한 상태가 되었으니 차라리 아무 생각도 없는 그편이 나을지도 몰랐다. 꽤 많은 날이 그렇게 지나갔지만, 누구 하나 신경 쓰는 이가 없었다.

그러던 어느 날, 무거운 몸을 일으켜 화장실에 가려는데 벽에 붙어 있는 작은 거울이 손에 닿았다. 얼떨결에 들여다보니 몇 날 며칠을 씻지 않았는지 눈곱마저 덕지덕지 붙은 때 투성이의 얼굴을 약에 취해 반쯤 풀린 눈으로 바라보고 있었다. 처음에는 섬뜩해 놀랐으나 금세 내 자신임을 깨달았다. 스스로 불쌍하다는 생각에 한참 동안 거울을 닦아내며 소리 없이 울었다.

한 달 두 달, 시간은 무의미하게 사라져 갔다. 어쩌면 무의식 중에 시간이 통째로 사라져 버리길 바랐는지 모른다. 내 자의식이, 내 전부가 사라져 버리길 바랐는지도 모른다. 그런 수많은 시간을 보낸 뒤 간신히 여명을 발견했을 때는 이미 5개월도 더 지난 후였다. 그 때까지도 자아가 모두 상실된 상태였기에 현실과의 경계가 모호했고, 육신만이 습관적인 배설을 위해 매일 조금씩 깨어났다.

친누나는 나보다 열 살이 많다. 나에게는 엄마와도 같은 존재다. 어린 시절, 시도 때도 없이 업어 달라고 응석을 부렸다. 누나가 업어 주면 나는 재잘재잘 수다쟁이가 됐다. 그런 기억을 떠올리며 행복한 웃음을 짓는 누나는 정말 예뻤다. 커가면서 동생이 이곳저곳 피워 놓은 말썽을 처리하느라 누나는 분주했다. 지금은 또 이렇게 옥중 수발까지 들고 있다.

유리벽을 사이에 두고 앉아있는 초라한 모습의 노년의 여인은 나를 애처롭게 바라보며 알아들을 수 없는 목멘 소리로 무언가를 말하려 했다. 알아들을 수 있는 말은 한 마디도 못하고 흐르는 눈물만 연신 닦아내느라 옷소매는 이미 흠뻑 젖어 있다. 허락된 십여 분은 너무도 빠르게 지나갔다. 어쩌면 시간이 짧아 다행인지도 모른다. 시간이 더 주어졌다면 눈물도 그만큼 더 많이 흘려야 했을 테니. 너무 울어 자리에서 일어서지도 못하는 누나를 뒤로 한 채 무거운 걸음을 돌렸다. 철부지로 살아온 지난날이 너무 후회스럽고 죄송할 뿐이었다.

방에 들어와서 멍하니 초점 없는 눈동자를 아무렇게나 두고는 가슴 속에 복받치는 슬픔을 애써 참아내려 했다. 하지만 끝내 참지 못하고 "엄마" 하는 소릴 입 밖으로 토해내고는 뜨거운 눈물을 흘렸다. 그날 밤 태어나 가장 오랫동안 울어봤고, 가장 많은 눈물을 흘려봤다.

이 일이 있은 후 아내가 면회를 왔다. 만나러 갈 용기가 나지 않았다. 스무 살에 시집 와 두 아이를 낳고 20여 년을 함께 살며 좋은 일이든 궂은 일이든 서로 의지하며 잘 견뎌왔는데, 이번 일은 어떤 방법으로도 해결할 수 없었기 때문이다. 아내와 어린 두 아이에게 할 수 있는 말이 전혀 떠오르지 않았다. 미안하다는 말도 이때는 차마 할 수 없었다. 결국 면회를 거부하고 말았다. 하지만 아내는 계속해 찾아왔고, 더 이상 거부할 수도 없는 노릇이었다. 무거운 걸음으로 아내 앞에 섰다. 생각했던 것보다 아내는 더 지쳐 보였다. 야윈 얼굴과 부르튼 입술만으로도 얼마나 힘들어했는지 짐작하고도 남음이었다. 고개를 숙인 채 아무런 말도, 아무런 대답도 할 수 없었다. 아내는 화를 내다가 울기도 하고, 가슴을 치며 답답해하기도 했다. 그런 아내에게 미안하다는 말도 못하고 그렇게 돌아섰다. 그 이후 아내는 한동안 연락이 없었다.

수인이 되면 가장 쉽게 할 수 있는 게 책 읽기다. 평생 한 권의 책도 읽어보지 못했다는 이도 이곳에서는 시간을 보내려고 마지못해 한 권쯤은 건성으로라도 읽게 된다. 장르나 작가는 중요하지 않다. 누군가 권해 읽게 되거나, 아무렇게나 굴러다니던 책이 갑자기 눈에 들어와 읽게 되는 경우가 더 많다. 나 역시 다른 이들과 별반 다르지 않은 이유로 책을 보기 시작했다. 참 신기한 경험이었다. 이렇게 힘든 상황임에도 책을 읽다 보면 어느 부분에서는 웃음이 지어졌다. 처음에는 이런 상황에서 웃는다는 게 창피해 심각한 표정으로 바꿔보려 했지만 이내 다시 웃고 말았다. 이렇게 책은 생각을 지배하기 시작했고, 책이 이끄는 대로 웃고, 울고, 화도 내 보았다.

점점 책들과 함께하는 시간이 많아지면서 하나씩 알아가는 재미도 생겨났다. 이를 통해 한 가지 배운 게 있다. 환경보다 더 중요한 것은 마음이라는 것, 마음먹기에 따라 이곳은 아무것도 할 수 없는 곳이 될 수도, 또 다른 무언가를 할 수 있는 곳이 된다는 부처님의 가르침이다. 할머니가 되어 버린 누나는 늙어가는 동생 수발을 하면서도 싫은 내색 한 번 하지 않았다. 오히려 심심할 때 보라며 경전은 물론 다양한 책을 넣어 주었다.

'지금 내 나이가 몇인데 이런 책을 보냈지. 아직도 내가 어린애로 보이나…'

그 책은 '국사'였다. 궁금함을 참지 못하고 책을 펼쳤다. 한 줄 한 줄 읽어가는데 자꾸만 학창시절 선생님의 모습이 떠올랐다. 선생님이 "이건 시험에 꼭 나오니까 밑줄 그어라!" 하시던 말씀이 들리는 것 같았다. 아주 오래전에 보았던 내용이 새록새록 떠오르며 추억

여행을 하게 됐다. 단짝인 선호가 장난을 걸어오고, 뒤에 앉은 영필이가 떠들어대는 교실과 학교도 보였다. 그 덕에 잠시나마 학창시절을 떠올리며 미소를 지을 수 있었다.

2011년 봄, 고등학교에 입학한 후 28년 만에 드디어 졸업을 하게 됐다. 대입검정고시에 합격한 것이다. 수인이 되고 5년 만에 처음으로 나에게 칭찬을 해주었다.

"정말 잘했다. 정말 잘했어."

누나도 이 소식을 듣고 축하해 주었다. 환하게 웃으며 기뻐하는 모습이 너무도 오랜만이라서 한참을 말없이 바라보았다. 그 순간 '행복이란 이런 것이구나.' 하고 문득 깨달았다. 이날 이후 누나를 기쁘게 해야겠다는 또 하나의 목표도 생겼다. 이곳에서도 나 외에 누군가를 행복하게 할 수 있다는 것을 깨닫게 된 것이다. 《천수경》에 "죄에는 자성이 없고 마음속의 생각이 일어나지 않을 때 죄는 저절로 사라진다."고 했다. 수계를 주신 스님이 이를 말씀하시면서 "죄란 생각은 다 거두고 인연 따라 왔으니 인연이 다하면 떠날 것이다. 그러니 모든 것을 인연에 맡기고 뇌세포를 깨우고 맑히며 밝히는 기도를 하루도 거르지 말라."고 당부하셨다. 그러면 이곳에서의 생활도 어느새 지나갈 것이라고 격려해 주셨다.

2016년 봄, 10년 만에 아내가 찾아왔다. 애처롭게 바라보던 아내가 "많이 늙었네." 하며 쓴웃음을 지었다. 순간 설레는 마음이 사라지고 예전에 친근했던 아내의 모습이 눈에 들어왔다. 두 손 부여잡고 "나 좀 꺼내줘. 나 좀 안아줘." 하고 싶은데 아무 말도 할 수 없었다. 입을 열면 그동안 하지 못하고 참아왔던 얘기까지 하게 될까 겁이 났다. "미안하다."는 말 외에는 어떤 말도 할 수 없었다.

한편으로 못난 짓을 한 내가 얼마나 미웠으면 10년 동안 한 번도 찾아오지 않았을까 하는 생각에 부끄러웠다. 십여 분의 시간은 그렇게 지나갔고, 여운이 채 식기도 전에 아내는 자리에서 일어났다. 그리고 20년의 세월을 함께 했던 아내가 이제 내 곁을 영원히 떠나겠다고 했다. 그런 아내를 붙잡을 수 없었다. 진심으로 아내가 덜 아팠으면 하는 마음으로 서류에 도장을 찍었다. 아내에게 용서를 구하지 못하면 어쩌나 걱정했는데 이렇게 기회가 생겨 다행이라며 스스로를 위로했다. 차라리 감사한 일이었다. 모두 부처님의 뜻일 것이다. 참회진언을 열심히 한 덕일 것이다. 하루도 거르지 않고 지금도 꾸준히 참회진언을 하고 있다.

처음 기도를 시작할 때는 그저 나 자신을 달래는 데 목적을 두었다. 그러다 보니 어이없게도 가끔 내 탓이 아닐지도 모른다며 운명을 탓하는 이기적인 마음도 생겨났다. 그럴 때면 스스로에게 너무 실망한 나머지 머리를 쥐어박곤 했다. 그렇게 매일 아침 108배를 시작으로 참회진언을 하며 마음을 다잡아 갔다.

'옴 살바 못자 모지 사다야 사바하'

2017년 봄, 한국방송통신대학교에 입학하게 됐다. 이곳 여건상 대학에 들어간다는 게 여간 쉽지 않은 일임에도 부처님 전에 기도한 덕분인지 감사하게도 부처님의 가피를 입어 입학을 하게 됐다.

최선을 다해 공부했고, 2021년 4년 종합성적 우수자로 당당히 상도 받았다.

나는 1960년대 후반 어느 봄날에 태어났다. 그래서일까? 유독 봄이면 새로운 일들이 많이 생겨나는 듯하다. 어느 해 봄에는 기쁜 일이, 어느 해 봄에는 슬픈 일이 생겼다. 하지만 괜찮다. 부처님의 가르침을 따르며 마음공부를 열심히 하다 보면 머지않은 봄엔 기쁜 소식이 찾아올 것이다.

용타 스님은 저서 《생각이 길이다》에서 "부정적으로 인식하면 불행이요, 긍정적으로 인식하면 행복이며, 초월적으로 인식하면 해탈이다"고 했다. 절망뿐이었던 내가 매일매일 참회진언을 통해 마음공부를 하다 보니 자연스럽게 행복해지는 법도 알게 됐다. 사소한 일에도 늘 감사하며 행복하게 살았으면 좋겠다. 매일 지극정성으로 부처님 전에 서원한다.

신앙에서
신행까지

—

강○○

몇 개월 전까지 저는 천주교 신자였습니다. 교도소에 수감된 지 24년…. 제가 어떻게 귀의하게 되었는지 부끄럽지만 글로 남겨봅니다.

불교와의 인연

30년 전 저는 중학교에 입학하면서 육주사라는 작은 절과 인연이 있었습니다. 형편 때문에 절에 맡겨져 살던 친구와 친해지게 된 것이 계기였지요. 친구의 집이 절이니 그곳에 놀러 간다고 하면 외박도 허락될 만큼 아버지도 절에 대해 호의적이었기에 중학교 3년을 거의 절에서 먹고 자며 살다시피 했었습니다.

육주사라는 절은 부처님 세 분이 모셔진 법당과 작은 대나무밭 그리고 예닐곱 평 되는 탑터도 있는 무척 정감 가는 곳이었습니다. 3년을 거주하다시피 하다 보니 스님들과도 가까워졌고 청소년 법회도 꼬박꼬박 참여하기도 했습니다. 물론 독송하고 108배 하는 것이 무슨 의미인지도 모르고 그저 시키는 대로 따라하는 것에 불과했기에 어린 마음에 법회시간은 다소 곤욕스러웠던 기억이 있습니다. 특히 108배와 참선은 우열을 가리기 힘들 만큼 피하고 싶었으니 108배는 너무 힘들고 참선 시간은 너무나 졸렸기 때문입니다. 또한 참선을 하면 5분도 안 되어 다리가 저려 이리저리 꿈틀거리게 되었으니 그럴 때면 어김없이 날아드는 노스님의 죽비는 간담을 서늘케 하는 대상이었습니다. 지금 그때를 돌이켜 보면 근기라고는 눈 씻고 봐도 없었던 것 같습니다. 그나마 《천수경》, 예불문, 《반야심경》 등 독송을 하는 것은 힘도 안 들고 크게 졸리지도 않았으니 곧잘 따라했던 기억도 납니다. "색즉시공 공즉시색~" 한마디도 알아들을 수는 없었지만 리듬감 있는 심경을 반복하다 보니 저도 모르게 암송까지 하게 되었지요. 그때 외웠던 《반야심경》의 한 구절이 30년이 흐른 후 제 삶의 대전환점이 되는 열쇠가 될 줄 그때는 짐작조차 못했습니다.

아무튼 육주사에서 보낸 시간은 108배, 참선 등 곤욕스러운 때도 있었지만 돌이켜 보면 제 인생에서 가장 행복하고 귀한 시간으로 기억에 남아 있습니다.

법당 주위를 뛰어다니다 노스님께 혼쭐이 나고 부처님오신날이면 온 절 식구가 모여 연등을 만든 기억을…. 특히 법당에 제사가 있을 때면 과일과 과자 등을 가지런히 쌓아 올리는 일은 친구와 제가 전담했는데 늘 먹을거리가 모자랐던 저희에게는 더할 나위 없이 좋은 아르바이트였습니다.

하지만 그런 시간도 영원할 수는 없었습니다. 친구와 제가 고등학교에 입학할 무렵 육주사에 승합차가 드나들고 누가 봐도 건달 같은 사람들이 무리지어 드나들기 시작했습니다. 얼마 못가 절의 모든 식구가 거처를 옮겨야 했는데 절의 소유권 분쟁이 있었다고 하더군요. 친구도 스님들도 모두 떠난 육주사는 그때부터 제게 낯선 곳이 되어 버렸습니다.

살리는 마음과 죽이는 마음

육주사는 그냥 절이 아닌 저의 보호처였던 것 같습니다. 3년을 끝으로 육주사와 인연이 다한 후 저는 끈 떨어진 연처럼 하염없이 방황하기 시작했으니까요. 고등학교를 6개월만 다니고 자퇴를 하게 된 후 유흥업소를 전전하며 방탕한 생활을 하게 되었습니다.

오로지 술과 이성만을 탐하고 살았으니 불법과는 정반대의 길을 걷게 되었습니다. 그렇게 색법을 따른 지 3년쯤 되던 해 저는 두 가지 양극단의 선택을 하게 됩니다.

어느 날 동거녀가 임신을 하였는데 어떻게 할 거냐고 제게 물어 왔습니다.(당시 저의 주변 환경은 낙태가 일상적인 일이었기에 낳아서 기른다는 것은 당연한 게 아닌 큰 결심을 요하는 선택의 문제였습니다)

저와 동거녀는 아무런 준비가 되어 있지 않았기에 아이를 지우는 것이 어찌 보면 자연스러운 수순이었습니다. 그런데 제 의지에 의해 한 인생의 운명이 갈린다는 생각을 하게 되니 아이에 대한 측

은심이 생겼고 그 마음은 아이를 살리자는 마음으로 굳어졌습니다. 그래서 동거녀에게 낳아서 키우자는 의견을 냈는데 의외로 동거녀 역시 동의했습니다. 도리어 제가 낙태시키자고 하면 어쩌나 걱정했었다며 기쁨의 눈물마저 흘렸습니다.

제가 살면서 했던 결정 가운데 가장 옳은 결정이라 할 수 있습니다. 하지만 옳은 결정이 항상 좋은 결과로 이어지는 것은 아니었으니 그 결정은 새로운 비극의 씨앗이 되고 말았습니다.

기쁨 가운데 아들이 태어났으나 저희 어린 부부는 경제적으로 어려웠고 정신적으로 미숙했기에 하루가 멀다 하고 다투기 시작했습니다. 아이를 돌보는 일부터 경제 문제까지 사사건건 말다툼을 했지요. 말다툼은 막말로 막말은 서로에 대한 저주로 이어졌습니다.

그때의 저는 탐·진·치 그 자체였던 것 같습니다. 날 비난하고 화나게 하는 저 인간이 없었으면 좋겠다는 악심이 생겼고 그 악심은 점점 커지면서 살심에 이르렀습니다. 위험한 감정 상태에 술은 최소한의 사리분별 능력마저 끊어 놓았으니 결국 신업의 극치인 살인의 죄를 범하고 말았습니다.

어찌 한 마음 안에서 활심과 살심이 함께 담길 수 있는 것일까요….

지극한 죄책감과 지독한 슬픔

과거 아득히 오랜 옛날부터 짓고 살아 온 선악의 업이 숙업이라고 한다지요. 저는 얼마나 많은 업이 쌓였으면 살인의 죄까지 짓게 된 것일까요.

스무 살에 무기수가 된 저는 저의 어리석음에 대해 후회하고 또 후회했습니다. 그러나 후회는 아무리 빨리 해도 늦는 법이었습니다. 지나서 생각할 때 제가 어떻게 살심을 일으키게 되었는지 도무지 이해가 되지 않았습니다. 제 마음 어디에서도 살심을 찾을 수 없었기 때문입니다.

눈을 뜨면 죄책감에 눈을 감으면 악몽으로 힘들어하던 때 또 한 번 제 마음을 크게 흔들어 놓는 일이 일어났습니다. 저의 누나와 어린 조카 세 명이 모두 살해당하는 일이 벌어졌으니 사건의 가해자는 다름 아닌 누나의 남편이었습니다. 저는 살인사건의 가해자이면서 살인사건의 피해가족이 되었습니다. 지극히 깊은 죄책감은 지독하게 깊은 슬픔으로 순식간에 변해버렸습니다.

마음은 내 것이어야 하는데 왜 감정은 마음대로 되지 않는지 모를 일이었습니다.

법계에서의 3년과 색계에서의 3년 동안 극단으로 오고 가는 감정을 느끼고 그 감정 때문에 힘들어 하는 제가, 그 감정에 마구 휘둘리는 저 자신이 너무나 원망스러웠습니다. 그리고 저는 깊은 무력감을 느꼈습니다.

저는 제 운명의 무게를 홀로 지니기 너무 힘들었습니다. 어디에든지 마음을 의지하고 싶었고 한편으로는 위로받고 싶었습니다. 그리하여 저는 천주교 신자가 되기로 했습니다. 그때 주변의 권유가 있기도 했고 하느님을 믿으면 모든 죄를 용서받을 수 있다는 교리가 와닿은 것 같습니다.

열심히 신앙생활을 했습니다. 찬송가를 부르고 기도를 하고 매주 미사에 참여하는 등의 신앙생활을 하다 보니 어느 정도 신심이 안정되는 역할은 했던 것 같습니다. 그렇지 않다면 20년 넘게 신앙생활을 이어 나가지 못했을 테니까요. 그런데 그러는 중에도 저의 근본적인 물음에 대한 궁금증은 사라지지 않았습니다.

선한 마음과 악한 마음, 행복과 고통은 과연 무엇이며 "나"라고 생각하는 자아는 무엇인가, "나"는 어디에서 왔으며 어디로 가는가…. 아무리 기도하고 성경을 읽어도 그 답을 찾을 수 없었습니다. 저는 신의 존재를 온전히 받아들이지 못한 채 신앙 행위에만 몰두하고 있는 저 자신이 점점 가식적으로 느껴졌습니다. 뭔가 납득할 만한 답을 찾고 싶어 여기저기 헤매기 시작했습니다.

현대물리학이라면 뭔가 답이 있지 않을까 해서 여러 이론을 탐독했지만 물음표만 늘었습니다. 고전에서 답을 찾고자 했지만 여전히 아리송했습니다. 사서삼경에서 서양철학까지 많은 학문에 이리저리 기웃거려 보았지만 저의 지적 수준이 함량미달이라는 사실만 깨우쳐 줄 뿐 근본적인 의구심은 조금도 해결되지 않았습니다. 영원히 알 수 없는 것은 아닌지 애초에 답이 없는 것은 아닌지 너무나 답답했습니다. 하지만 저의 숙업에는 선업도 있었는지 우연인 듯 인연인 듯 오래전 암송하던 《반야심경》이 저를 진리의 길로 인도해 주었습니다.

물리학 책을 읽던 중 빛인 광자는 물질이면서 동시에 파동의 특성을 지닌다는 실험에 관한 내용과 《반야심경》의 '색즉시공 공즉시색'이라는 구절이 어느 날 저의 뇌리를 스쳐갔습니다.

빛은 물질이면서 물질이 아니고 파동이면서 파동이 아닌 것은 색은 곧 공이고 공은 곧 색이라는 통찰과 일맥상통한다는 사실이 신기했습니다. 뭔가 실마리를 찾은 느낌이었지요.

저는 그때부터 불법을 배우는 데 모든 노력을 기울였습니다. 법보신문 등 교도소 내에 법보시 되는 간행물 등은 제가 불법을 이해하는 데 많은 도움을 주었습니다.(교도소 내에 법보시 해주신 모든 분들께 감사함을 전합니다.) 덕분에 저는 저의 근본적인 궁금증에서 벗어날 수 있었습니다.

불법을 이해하는 것이 쉬운 일은 아니었지만 유가사지론과 공사상을 비롯해 12연기법 등은 빙산같이 거대한 저의 존재와 마음의 변화에 대한 의문을 홍로점설(紅爐點雪)처럼 녹여냈습니다.

빛이 주어진 조건에 따라 물질이 되기도 하고 파동이 되기도 하듯이 기세간도 제법무아, 제행무상이라 한 가지도 고정된 것이 없는 것이었습니다. 또한 유·무, 선·악, 호·오 등의 이분법적 분별의 사고로는 결코 진리를 알 수 없다는 것을 알게 되었습니다.

불법을 배우면서 참 흥미로운 사실도 알 수 있었는데 기독교 사상과 불교 사상 사이에 유사점이 있다는 사실입니다. 성경에는 최초의 인류인 아담과 하와가 나오며 선악과를 먹고 에덴동산에서 쫓겨나게 되는데, 선악과를 먹고 생긴 부끄러움은 바로 분별하는 마음을 의미하는데, 그것이 바로 원죄였던 것이었습니다.

선·악을 구별하는 마음(탐·진·치)이 생겨 에덴(진여)에서 쫓겨나는 것은 너무 닮은 구석이 있었습니다.

또한 성경에는 "하느님 나라는 네 안에 있다."고 적혀 있고 그리스 신전 입구에는 "너 자신을 알라."고 새겨져 있으며 부처님은 "네가 곧 부처다."라고 하셨습니다.

천주교에서는 라우렌시오라는 살인자가 회개 후 성인의 반열에 올랐고 앙굴리마라는 부처님께서 교화하여 아라한과를 증득케 하셨습니다.

예수님은 40일 단식기도를 하여 악마의 유혹을 이겨냈고 부처님은 보리수나무 아래에서 마라에게 항복 받으셨습니다.

전혀 다른 종교 사이에 중요한 공통분모가 있다는 것이 신기하면서도 많은 생각을 하게 되었습니다. 이런 관점을 넓혀 가다 보니 그동안 여기저기 기웃거렸던 많은 현자들의 가르침이 본질적으로 궤를 함께 한다는 사실도 알게 되었습니다. 진리를 이름 지을 수는 없는 것이지만 기독사상은 로고스, 노자는 도, 공자는 극, 부처님은 진여라 임시로 이름 지은 것과 용수 보살의 팔불사상, 노장사상의 핵심인 화광동진, 유교 대학의 무선무악은 결국 분별적 사고의 탈피를 설명하는 것이었습니다.

불교적 사유, 신학적 사유는 역사적 교류를 주고받은 적이 없으나 모두가 가리키는 곳은 같았습니다. 그 이유는 모두가 심층의식을 깊이 들여다 본 아니, 심층의식을 멸한 결과가 한 곳으로 향했기 때문일 것입니다.

　이렇듯 세계 곳곳의 현자들은 모두 진리를 가리키고 그 진리는 자기 자신에게 있다고 말하고 있으나 저같이 우둔한 사람은 모두가 가리키는 곳은 보지 못하고 가리키는 사람의 손가락에 집착해 검네, 희네 하고 크네, 작네 하고 기네, 짧네 하며 헤매고 있었던 것입니다. 하지만 부처님은 저같이 탐·진·치 삼독에 깊이 빠진 중생도 알아들을 수 있도록 수많은 방편을 남겨 주셨습니다.

　참 뜻은 말과 문자 밖, 즉 제 안에 있다고요.

　또한 업은 숙명적인 것이니 수행으로 번뇌를 멸하고 지혜를 증득하면 해탈을 얻고 윤회에서 벗어날 수 있다고 하셨습니다. 저는 근기가 약해 앙굴리마라같이 아라한과를 증득하기는커녕 오식조차 멸하기도 힘들 것을 압니다만 종자생현행 현행훈종자라 전생과 이생에 지은 숙업을 깨닫고 허망한 탐·진·치 삼독심을 계·정·혜 삼학문으로 조금씩 닦아 나가고자 심출가 하게 되었습니다.

　"나"라는 존재와 모든 감정이 허깨비 같은 망상이라는 진리를 깨우쳐 주신 부처님께 귀의합니다.

가장 어두운
곳에서 만난
지장보살님

—

주○○

나는 부유하지는 않았지만 가족을 끔찍하게 사랑하는 부모님 아래에 1남 2녀의 장녀로 태어났다. 5살, 9살이라는 나이 차이 나는 동생들이 있음에도 나는 맏이라는 이유로 부모님의 사랑을 받으면서 자라왔던 행복한 어린 시절의 기억이 중년이 되어가는 지금에도 어렴풋이 생각나는 걸 보니 나는 정말 넘치는 사랑을 받으면서 살아왔던 것 같다.

그러던 어느 날 9살 차이 나는 막냇동생 3살쯤 무렵에 집안의 가장이었던 아버지의 몸에 이상 신호가 생겼고 오래지 않아 집안의 경제가 급격히 어려워지기 시작했다. 근육이 굳어지는 병으로 아버지는 더 이상 일을 할 수 없었고 병원 신세를 져야만 했다. 아버지를 대신해 일이라곤 아무것도 해 본 적 없었던 어머니가 모든 집안의 경제를 책임질 수밖에 없었다. 어머니는 삼남매를 먹여 살리기 위해서 얼굴도 보기 힘들만큼 밤낮없이 일을 하셨다. 그런 어머니를 보면서 어머니와 함께하지 못하는 시간들이 늘 외로웠고 힘들어하는 어머니를 대신해 하루 빨리 어른이 되어 돈을 벌고 어머니를 쉽게 해주고 싶은 마음뿐이었다.

　나는 어느새 돈을 벌 수 있는 성인이 되었고, 어리기만 했던 동생들도 각자의 앞길을 책임질 만큼 어른이 되었다. 가족 모두가 열심히 살았지만 우리의 생활은 나아지지 않았고 15년 병원 신세를 지던 아버지도 돌아가셨다. 나는 힘들고 외로웠던 유년 시절 탓에 일찍 내 가정을 꾸리고 나의 아이를 낳아서 평범하게 살고 싶은 마음에 조금은 이른 나이에 결혼을 했다. 결혼을 해서 내 가정을 이루었지만 남편 없이 혼자서 살아가는 어머니는 나에게는 늘 걱정이었고 그런 어머니를 놓지 못하고 내 가정과 친정을 분리하지 못한 채 살아가는 것이 시댁에서는 눈엣가시였을 것이다. 가정환경을 탓하면서 결혼을 반대했던 시댁식구들에게도 열심히 노력하였지만 어머니를 챙기고 시댁을 챙기면서 어느 한쪽에 치우치지 않고 평범하게 산다는 건 쉽지가 않았다. 엄마로 아내로 며느리로 딸로 살면서 늘 의무와 책임감에 치여 살면서도 어떻게든 그 모든 역할을 잘 해내고 싶었던 나는 하지 말아야 하는 일에 손을 댔고 결국 그 잘못으로 교도소에 수감되었다.

　처음부터 잘못된 거라는 걸 알았지만 내 잘못을 이야기하며 선처를 구하기에는 많은 피해가 있었다. 아무것도 모르고 오직 내 능력이 뛰어나고 내가 잘나서 잘 산다고만 생각했던 가족들에게 실망시키고 비난 받을까봐 남편을 포함한 내 주변 그 누구에게도 나의 잘못을 말하지 못했다. 지금의 내 모습은 나의 잘못된 선택의 결과였고 이렇게 될 거라는 걸 알면서도 놓치 못했던 어리석은 욕심은 결국 내가 그렇게 지키고 싶었던 가족들과 이별하게 했다. 나 아니면 안 된다는 착각 속에서 정작 누려야 할 지금의 행복을 놓치고 스스로를 닦달하면서 항상 쫓기듯이 바빴고 오지 않을 미래의 행복을 위해서 현재의 행복을 희생하며 평범한 일상의 소중함과 감사함을 잊은 채 바보처럼 살았다는 걸 가족과 헤어져 살아 보니 알게 되었다. 타임머신이라도 있어서 시간을 다시 돌릴 수만 있다면 처음 아이를 낳아서 가족 모두가 행복해했던 그 시간으로 돌아가고 싶지만 그럴 수 없다는 걸 누구보다 잘 알기에 많은 후회와 반성의 시간 속에서 살고 있다.

문 하나만 넘으면 세상과 마주할 수 있지만 그 세상은 내게 너무도 먼 곳이었다. 날씨가 좋으면 좋은 대로 안 좋으면 안 좋은 대로 지나간 시간의 후회로 매일이 눈물뿐이었던 내게 밝게 웃으며 밝은 목소리로 다가오시는 주임님이 계셨다. 《지장경》을 한 권 건네주시면서 걱정 말고 기도하면 잘될 것이고 지금이 아니더라도 지금의 내가 아니더라도 후생이나 지금의 나의 아이들과 가족들에게 좋을 거라면서 열심히 읽으면서 기도하길 추천해 주셨다.

가끔씩 사람들이 종교가 뭐냐고 물으면 불교라고 이야기는 했지만 정작 나는 불교에 대해 아는 것이 없었다. 그저 절에 가면 마음이 편안하고 알지 못하는 불경 소리도 스님의 목탁 두드리는 소리도 늘 마음을 잔잔하게 했고 법당 안에 모셔진 불상을 보기만 해도 마음이 평화로웠기에 주임님께서 주신 《지장경》이 참 고마웠다. 어떻게 읽는 거냐는 물음에 그냥 읽으면 된다고 하셔서 아무 뜻도 알지 못하면서 하루에 한 번이라도 읽어보자는 생각으로 시작한 독송이 어느새 3년이 다 되어간다. 처음에는 무슨 말인지 몰라서 한 품을 읽는 것조차 힘들었지만 3일에 한번씩 1독을 완성하더라도 천천히 읽기 시작한 지장경은 참으로 신비로운 경전이었다.

《지장경》을 읽으면서 당장 내가 원하는 소원은 이루어지지 않았지만 내가 근심하고 걱정이 있을 때는 《지장경》이 슬프게 느껴졌고 내가 기분이 좋을 때는 《지장경》이 즐겁게 느껴졌다. 정말 매일이 새로운 경전이었다. 기도하는 그날의 내 마음에 따라서 달라지는 것 같은 《지장경》은 내 마음과도 같았다. 《지장경》을 읽으면서 울고, 웃는 나를 보았다. 《지장경》을 읽으면 날마다 새롭다는 말씀이 절실히 와닿았다. 온 우주의 불행이 나에게만 와서 세상에서 나만 가장 힘들고 불행하다고 생각했는데 《지장경》을 읽으면서 나를 보고 힘들어하고 있을 가족들이 생각났다. 어느 날 갑자기 모든 책임을 떠맡았을 남편도, 하루아침에 엄마를 잃은 아이들도, 우리만 잘 살면 걱정이 없으시다는 어른들까지 모두모두 생각났다. 그야말로 나로 인해 풍비박산이 난 집이었으니 더 이상은 죄송하고 미안한 마음 하나로 울면서 허송세월을 보낼 수는 없었다.

한정된 공간인 여기에서 내가 할 수 있는 일이라곤 오직 기도밖에 없었으니 그저 원하는 바를 이루어 주신다는 지장보살님을 믿고 《지장경》을 읽으면서 기도할 뿐이다. 일심으로 기도하면 이루어진다는 말을 나는 믿는다. 나의 어리석음으로 가족과 헤어져 살게 되었고 가족과 헤어져 살아 보니 새삼스럽게 가족의 소중함을 뼈저리게 느낀다. 지역 여기에서 내가 바라는 소원은 하루라도 빨리 여기에서 벗어나 가족들에게 돌아가는 것이지만 예전의 어리석었던 나의 모습으로는 안 된다는 것을 알고 있다. 욕심 많고 어리석은 나의 모습으로는 가족들에게 더 큰 상처만을 남길 것이라는 것을 너무나 잘 알기에 더 많이 노력하고 기도하면서 더 이상은 가족에게 짐이 되어서는 안 된다고 생각한다.

내가 잘난 줄 알고 큰소리치면서 살았던 지난 시간들이 너무나 부끄럽다. 후회 없이 산 인생이 잘 산 인생이라는데 나는 너무나 많이 후회할 일을 만들어 버렸다.

'내가 욕심이 많구나! 아직도 어리석구나!'

무작정 행복하고 넉넉할 거라는 미래만 생각하면서 정신없이 사느라 어리석음이 무성해진 걸 알면서도 외면하고 살았던 지난 시간을 반성한다. 지장경을 100독하고 200독하면서 당장 눈앞에 달라지는 일은 없지만 가장 어두운 곳에서 가장 밝으신 지장보살님을 만났으니 내 삶이 편안해짐을 느낀다. 심즉극락이라는 말이 있다. 어떻게 마음을 갖느냐에 따라서 지옥이 되기도 하고 극락이 되기도 한다는 말인데, 이 말을 떠올리면서 부처님은 가장 적당한 때에 가장 좋은 것을 주신다는 말을 믿으며 오늘도 나는 가족들에게 더이상 짐이 아닌 힘이 되기 위해서 열심히 노력하고 기도할 것이다.

부처님, 감사합니다. 감사합니다. 감사합니다.
지장보살님, 감사합니다, 감사합니다, 감사합니다.
부처님과 지장보살님을 잘 모시고 살겠습니다.

교정교화전법단 바라밀상

아버지 같은
나의 부처님

—

김○○

새벽 여섯 시.

나는 오늘도 어김없이 부처님 전에 삼배를 올리고 앉아 나 때문에 정신적·육체적 고통에 시달리고 있는 가족들에게 진심으로 용서를 빌고 있다.

사실 처음엔 낯설기만 한 이곳 삶이 무섭고 두려운 나머지 정신이 넝쿨처럼 복잡하게 얽혀버린 나 자신만 생각하느라 가족들 생각은 까마득히 잊고 살았다. 그저 지은 죄를 뉘우치기보다 어떻게든 이곳에서 빠져나가려 안간힘을 쓰기에 여념이 없었으며 미안한 마음에 가족들로부터 멀리멀리 도망치려고만 했다. 그러다 결국 13개월 동안 법정다툼 끝에 지은 죄의 대가로 15년 형이 확정되자 나는 스스로 마음을 추스르며 모든 걸 내려놓았다. 이리 발버둥 치고 저리 발버둥 쳐봐도 이미 뒤틀려 버린 삶은 더 이상 되돌릴 수도 달라질 것도 없었기 때문이었다.

내가 사랑했던 가족들과 내가 믿고 의지하며 함께했던 친구들이 내 곁에서 하나 둘 멀어지고 있을 즈음 나는 미결복을 벗고 기결동에 이르러 불교 거실로 배정을 받게 되었다. 다행히 그곳에서 지금 나의 유일한 믿음이자 안식처가 되어준 부처님을 만나면서 흐트러졌던 나의 삶이 조금씩 조금씩 긍정적인 생각으로 뒤바뀌기 시작했다.

비록 작은 공간이지만 내가 살고 있는 거실 중앙 선반 위에 오롯이 모셔져 있는 부처님과 나는 현재 9년째 동거중이다. 물론 부처님을 모시며 사는 동안 좋은 일들만 있었던 건 아니었다. 피치 못할 사정으로 고초를 겪은 날도 참 많았다. 특수한 이곳 삶이 그러한지라 거실에 사람이 많이 들어오면 사물함 공간이 부족해 불상을 이리저리 옮긴 적도 있었고 거실 출입구 상단 벽면에 선반을 설치해 모셨다가 타소에서 좋지 않은 일이 발생하는 바람에 철거를 당해 관물대 한쪽으로 모셔지게 되는 악순환을 거듭한 적도 많았다. 그러다가 도저히 이렇게 해서는 부처님을 모시는 불자의 도리가 아니라고 생각해 소에다 건의를 하던 차에 다행히 불교에 적극적으로 관심을 가져주신 박 계장님 덕에 거실 중앙 벽면에다 손수 선반을 만들어 부처님을 편안히 모시게 되었다.

그런데 이상하게도 그날 이후부터 답답하고 괴로웠던 마음이 편안해지기 시작했다. 한동안 연락이 끊겼던 큰형으로부터 반가운 서신이 날아들었고 나 때문에 상처를 받아 마음의 문을 꽁꽁 닫고 살았던 큰아들과도 연락이 닿았다. 나는 부처님을 모시고 산 지난 9년 동안 단 하루도 부처님 전에 기도를 올리지 않은 날이 없으며 삼배를 올리지 않은 날 또한 없다. 그런 나의 지극정성을 알아주기라도 하듯 부처님의 표정이 날이 갈수록 밝아지는 것 같아 기분이 좋다.

날마다 온화한 표정으로 앉아 나를 바라봐 주는 부처님은 매일 아침마다 나에게 눈빛으로 넌지시 말하신다.

"○○아. 하루가 힘들고 괴롭다고만 생각지 말고 어떡하면 하루를 즐겁게 보낼 수 있는지 생각하거라. 매화도 혹독한 추위를 견뎌내야 꽃봉오리를 피워내는 것처럼 지금 이 순간을 잘 헤쳐 나아가야 진정 아름다운 행복을 찾을 수 있다."라고 말씀하신다. 나는 부처님의 법과 가르침을 하나하나 믿고 따르려고 노력을 한다.

사실 나는 이곳에 오기 전 절실한 불교 신자는 아니었다. 부끄럽지만 가끔 부처님오신날에나 일 년에 한두 번 절에 다녔던 게 전부였다. 그런 내가 이곳에 들어와 부처님을 마주하게 된 건 나의 인생에 커다란 변화이자 행운이요 복이라 생각한다. 그런 마음으로 나는 거실에 배정 받고 들어온 첫 날부터 부처님의 일대기에 대해 관심이 참 많았다. 거실과 복도에 비치된 책꽂이를 뒤적여가며 부처님의 탄생 과정부터 열반에 드실 때까지 파란만장한 일대기를 살펴보고 나서야 비로소 부처님이 실존 인물이라는 것을 뒤늦게 알게 되었고 그 점에 커다란 관심과 자부심을 느끼게 되는 계기가 되었다.

부끄러운 얘기지만 나는 처음에 석가모니 부처님의 존함이 석가모니인줄로만 알았다. 그런데 불교역사를 공부하다보니 내가 여지껏 몰랐던 새로운 사실을 알게 되었다. 원래 석가모니 부처님은 싯

다르타라는 존함이 있으며 석가모니의 석가는 종족을 의미하는 말이며, 모니의 본래 뜻은 침묵을 의미하는 마우니에서 유래된 것으로 말 많은 성자가 아니라 침묵을 잘할 줄 아는 석가족의 성자라고 하여 석가모니라 한다는 걸 알게 되었다. 정말이지 가장 기본적인 요소들조차 모르면서 부처님을 모시고 있던 나 자신이 부끄러워 그날 이후 좀 더 많은 지식과 지혜를 갖추기 위해 열심히 불교 서적들을 뒤적였다. 내가 모시고 있는 부처님에 대해 역사 공부를 한다는 건 정말 흐뭇한 일이다.

이는 불자로서 갖추어야 할 당연한 일이고 기쁜 일이 아닐 수 없다. 그런 마음에 일찌감치 수계를 받고 수년 동안 봉사원 활동을 해오면서 꾸준히 부처님 앞으로 한 발 두 발 다가서고 있다. 광범위한 불교 역사를 공부하다 보니 저절로 인내심도 기르게 되었고 화를 다스리는 법도 조금씩 조금씩 깨우치며 배우게 되었다. 그리고 그간 교리활동에 임하면서 《금강경》, 《천수경》, 《법화경》, 《불교입문》, 《불교문화》 등 다양한 서적들을 접했으며 최근에는 대한불교조계종에서 출간된 부처님의 설법과 일대기가 수록된 《불교성전》을 접하고 있는데 가슴에 쏙쏙 와닿는 귀한 법문들이 너무 많아 밤새워 읽고 또 읽기를 되풀이하면서 마음 속 깊이 새기고 있다. 그중에서 내가 제일로 가슴속에 새겨두고 실천하고 있는 건 바로 사홍서원이다.

'내 마음의 중생이 가없지만 맹세코 건지겠습니다.'

'내 마음의 번뇌가 가없지만 맹세코 끊겠습니다.'

'내 마음의 법문이 한없지만 맹세코 배우겠습니다.'

'자성의 위없는 불도를 맹세코 이루겠습니다.'

비록 환경이 열악하고 내가 할 수 있는 일이 한정된 이곳이지만 나는 끝까지 포기하지 않고 사홍서원처럼 중생을 건지고 번뇌를 끊고 법문을 배우며 불도를 이루기 위해 앞으로 열심히 정진해 나아갈 생각이다. 이곳에 들어와 부처님을 모시고 살면서 몽구리를 한 지 어느새 9년이 되었다. 앞으로도 살다 보면 간혹 힘들고 괴로운 일들이 일어날 것이다. 하지만 나는 그 순간순간마다 항상 부처님의 가르침을 떠올리면서 흐트러짐 없는 불자의 자세를 꿋꿋이 유지하면서 삶을 잘 헤쳐 나가면서 나름대로 멋진 인생을 살아볼 생각이다.

중국발 코로나19가 시작된 지 어느새 2년이 훌쩍 흐른 지금, 지금도 우린 코로나로부터 쉽사리 벗어나지 못한 채 궁지에 몰려 큰 타격을 입고 있다. 지속되는 코로나 여파도 안타깝지만 이곳에서도 두 해 동안 정상적인 법회를 열지 못하고 있다. 이제 정상적인 법회가 언제 시작될지는 잘 모르지만 나는 오늘도 법회를 진행하는 데 실수를 범하지 않으려고 법회 식순부터 찬불가·한글·한문 반야심경들을 머릿속에 되뇌며 진행연습을 되풀이하고 있다.

사실 내 나이 오십 중반을 넘기다보니 가끔씩 깜빡깜빡하는 날이 많아졌다. 책을 읽다가도 금세 앞장을 넘겨놓고 앞장에 쓰여 있는 내용들이 생각나지 않아 애를 태우는 경우도 많다. 그렇다고 이미 머릿속에 삽입된 법문들은 절대로 까먹지를 않는다. 어제는 불교문화 서적을 공부하다가 문득 얼마 전에 경북 울진·강원도 삼척 지역에 대형 산불이 발생해 엄청난 피해를 입은 일이 생각났다. 현장에는 직접 가보지 못했지만 TV뉴스로 시청하는데도 어마어마한 피해 상황에 놀라 불자로서 마음이 꽤나 아팠다. 더구나 절이 불에 타 소중한 문화유산까지 일부 소실되었다고 해서 안타까운 마음을 금할 길이 없었다. 소중한 우리 불교문화 유산을 지켜내는 것처럼 자랑스럽고 뿌듯한 일도 없을 듯하다. 그런데 지금 내가 지킬 수 있는 건 거실 선반 위에 오롯이 모셔져 있는 부처님이 전부다. 하지만 자주는 아니지만 일주일에 한 번씩 부처님을 세안해 드리면서 내가 부처님을 모시고 있는 것만으로도 나는 나름대로 커다란 자부심을 느끼고 있다.

앞으로 이곳에서 살아야 할 남은 6년의 시간 동안에도 나는 나름대로 불자로서의 길을 묵묵히 걸어갈 것이다. 그리고 부처님은 나의 아버지처럼 나의 절대적인 존재로 자리매김해 나아갈 것이다. 나는 다짐을 한다. 작은 실천이 큰 실천이 되고 작은 믿음이 더 나아가 큰 믿음으로 승화되듯 변함없이 정성을 다해 부처님을 모시며 살다보면 언젠가는 나의 가슴속에도 오랜 평화가 찾아오고 밝은 햇살이 아름답게 비춰질 거라 믿는다.

아주 오래전 나의 아버지께서 "세상에는 네가 지키며 살아가야 할 것들이 아주 많다. 그것이 무엇이든 네가 소중하다 생각되는 것이 있거든 주저하지 말고 그것 하나만이라도 꼭 지키며 살아라."고

하셨던 말씀이 생각난다. 그래서 내 이름도 ○○라 지었다고 했다.

나는 앞으로도 아버지 말씀처럼 내 삶에 활력과 안식처가 될 부처님을 지극정성으로 모시며 살아갈 생각이다. 아무쪼록 내면에 간직했던 나의 마음을 속 시원히 열어 보일 수 있는 기회가 주어져 이 글을 읽어주는 모든 분들께 진심으로 감사를 드린다.

나무마하반야바라밀.

다시 마음을 비우다

3부

하
심

下
心

태산 같은 자부심을 갖고
누운 풀처럼 자기를 낮추어라.
역경을 참아 이겨내고
형편이 잘 풀릴 때를 조심하라.
재물을 오물처럼 볼 줄도 알고
터지는 분노를 잘 다스려라.
때로는 마음껏 바람처럼 흘러보고
사슴처럼 두려워할 줄 알고
호랑이처럼 용맹할 줄 아는 것이
무릇 지혜로운 이의 삶이니라.

《잡보장경》 중에서

교육원장상

오롯이
회향하면서
살겠습니다
—

보련화 김정자

거룩하신 부처님께 귀의합니다!
거룩하신 가르침에 귀의합니다!
거룩하신 스님들께 귀의합니다!

자비하신 부처님.
부처님의 찬란한 진리의 광명을 찬탄하옵고
부처님 전에 엎드려 지난 허물 참회하오며
지성으로 발원하오니 섭수하여 주시옵소서!

평생 사찰 공양간을 지켜왔습니다.
사찰에서 받은 월급으로 홀로 자녀 둘을 양육하며 알뜰하게 살
아왔습니다.
무엇보다 부처님께 올리는 공양을 짓고
일심으로 스님들을 섬기는 일이 천직처럼 느껴졌습니다.

하지만 지극정성 기도에도 불구하고
가정에 닥친 여러 가지 어려움은 나아질 기미가 없었고
설상가상으로 폐암 말기 6개월 시한부 판정을 받고
어리석은 마음에 부처님과 불보살님들을 원망하기도 했습니다.
평생 사찰에서 쌓아온 복덕이 고작 이것뿐이란 말인가
"부처님, 관세음보살님! 왜 저한테만 이렇게 가혹하십니까?" 하며
기도와 가피의 위신력을 의심했습니다.

하지만 불보살님들께서는 늘 제 곁을 지켜주셨고
감로의 법비를 내려주셨습니다.
제 발등에 불이 떨어졌을 때는 무명에 가려져 마음으로 불보살
님들을 제접하지 못했습니다.
머리 숙여 고두 삼배 올리며 깊이 참회합니다.

대자대비하신 세존이시여!
병원에서도 기적이라고 이야기할 정도로 암 완치 판정을 받기까
지 모두 당신의 가피였습니다!

사경을 넘나들었던 지난 세월 되짚어보며
진심으로 다시 한 번 삼보에 귀의하며
참회의 눈물을 흘려봅니다.

참회합니다!

사찰을 내 집이 아닌 일터로만 생각해 순간순간 최선을 다하지 못했습니다.

참회합니다!

마음 둘 곳 없는 도반들의 하소연을 진심으로 들어주지 못했습니다.

참회합니다!

세존께서는 자등명 법등명이라는 무상심심미묘법을 설해주셨습니다. 하지만 부처님 전에 늘 구하고 바라는 기도만 해왔습니다. 이타행을 실천하는 불자가 아닌 '나' 자신만을 위한 기도를 해왔습니다.

참회합니다!

"나만큼 사찰을 윤택나게 가꿀 수 있는 사람도 없지" 하는 아상이 하늘을 찔러 오만한 모습을 보였습니다.

참회합니다!

마음이라 할 것도 없는 이 마음 한 자락을 닦는 것이 수행인데, 진정한 기도의 의미도 모른 채 유위법만 좇아 복만 빌면서 수행상(修行相)을 피웠습니다.

언제나 저희와 함께 하고 계시는 세존이시여!
천 개의 손과 천 개의 눈으로 보살펴 주시는
관세음보살님이시여!
몸과 입, 생각으로 알게 모르게 지은 죄업을 참회하며
불법을 통해 나와 남이 선업과 공덕의 행을 짓기를,
지구촌의 모든 재앙이 사라지고 행복한 세상이 되길
기원합니다.

일심으로 발원하옵나니,
부처님께서 주신 제2의 삶, 불보살님들을 닮아가는 삶을 살겠습니다.
언제 어디서든지 이렇게 외치겠습니다.
"나는 보살이다. 내 한 몸 불태워 이 어둠을 밝히는 이 땅의 보살이다."

사찰을 삶의 터전으로 삼고 보수 없이 일하며 그 공덕을 오롯이 회향하겠습니다.
내 마음의 찌꺼기를 마저 정화한다는 생각으로 도량 곳곳을 살피겠습니다.
말동무가 필요해 찾아오시는 마을 어르신들께 부처님께 공양 올린다는 마음으로 따뜻한 공양 지어 드리겠습니다.

지금 사바세계는 코로나19의 악도에 빠져 전 인류가 고통 속에 서로가 서로를 불신하며 믿지 못하는 세상이 되었습니다.

모든 인류는 코로나 감염 걱정에 법연과 인연과의 왕래마저도 단절하고 살아가고 있습니다.

또 환희심의 바른길을 잃어가고 있습니다.

바라옵건대 세존이시여!

인연 맺은 모든 이들에게 참된 행복을 나누어주는 이타적인 자비행을 실천하겠습니다.

작은 것에도 감사하고 만족하게 매 순간의 주어진 삶 속에서 보람을 누리게 하시옵소서!

또 '나'를 위한 기도가 아닌 세상을 위한 기도를 하겠습니다.

조금이라도 수행의 공덕이 있다면

오롯이 이 사바세계에서 고통을 받고 있는 중생들에게 회향하겠습니다.

세존이시여!

크나큰 지혜 내려주시어 그 말씀 이천오백 년 항하사수의 생명 숨결 되시고

이처럼 우리 가슴 적셔주시고

이 땅의 생명됨이 따사롭고 이처럼 합장 정례함이 자랑스럽나이다.

저의 이 발원을 부처님 전에 고하노니

이 불자가 가고 있는 조그마한 보살의 행로에서 퇴전치 않도록 지켜주소서!

나무 마하반야바라밀.

나무 마하반야바라밀.

나무 마하반야바라밀!

지장보살
서원대로
자비 베푸소서
—

무현 김병찬

한 줌의 잿빛 가루 눈물 속에 모두고 화장장(火葬場) 벗어날 제
정토행(淨土行) 왕생(往生)의 길 무탈(無頉)하게 보내려네.
이제야 챙겨드릴 일 생몰일 때 향 공양
그에 더불어 꽃과 음식과 육신 공양 몸소 해보리라.

염부제 중생 위해 그렇게도 애지중지 머물더니
말없이 한 줌 한 줌 섞여 재회(再會)하신 금실이(琴瑟) 좋던
양친(養親)
좋은(明堂) 터 들지 못하고 관공서 봉안당 송학함(松鶴函)*에
잠긴 것을
귀의하랍시고 또 귀의하랍시고 지장보살 계신
명부전에 모시려네.

---

* 송학함(松鶴函) : 유골을 넣는 상자의 이름.

캄캄한 달그림자 깊은 산속 헤매다가
동이 트니 온 하늘이 파랗게 물 들으며
언제 적 아픔이 가슴 한편에 묻힌 것을
버리고자 소원하니 어렴풋이 금슬 양친 감응하네.

지극정성 사무쳐서 간절했던 부모 공덕
일가(一家)를 이루고서 평안히 모시려다 늦어지니
한때를 못 참고서 그리 일찍 가셨거늘
이제야 돌아보면 미루어 영원 세계 안착했네.

명이 다해 죄업 때문에 악도(惡道)에 떨어졌어도
지장보살 명호를 부르고 존상을 우러러보니
그곳이면 아들 걱정 묵은 업장이 소멸하여
인과가 고행에서 벗어나 즐거움을 얻는도다.

그러한 연유로 부처님의 위신력(威神力)으로
백천 만억의 세계에 수많은 분신을 나타내어
모든 중생을 제도하고 계신
지장보살에게 원력을 발하나이다.

신통력과 서원을 가히 측량할 수가 없으시니
정성을 다하여 절을 올려 예배하고

탑이 있는 절에 공양을 올리고
중생을 해하지 않고 복을 나누어 주겠나이다.

지옥에 몸을 나투신 지장보살이시여!
불법에 귀의하여 남을 비판하고 낮추는 것을 지양하고
남의 잘하는 것을 칭찬하는 착한 일을 마다않고
자나 깨나 공경하여 마음가짐 흩트리지 않겠나이다.

무진의보살(無盡意菩薩)이시여! 광목을 제도하듯
해탈보살(解脫菩薩)이시여! 제 어미가 그이시기를
광목이시여! 제 어미를 찾는 저이기를
그리하여 지장보살의 서원대로 자비를 베푸소서.

부모의 뜻을 어기어 행패를 부렸어도 제 뜻이고
부모에게 악독하게 하였다 하나 그 또한 제 뜻이고
부처님의 가르침을 업신여기었다 하더라도
부모님을 영원히 악도에 떨어지지 않게 하여주사이다.

합장하고 또 합장하나이다. 지장보살이시여!
부처님의 가르침을 따라 불법 속에 의지하며
털끝 하나, 물 한 방울, 모래 한 알, 티끌 하나만큼이라도
선한 일을 해 올리겠사오니 제 부모님 영가를 받아주옵소서.

나무대자대비 대원본존 지장보살.

나무대자대비 대원본존 지장보살.

나무대자대비 대원본존 지장보살.

깨달음으로
이끌어 주소서

—

여의화 김남형

귀의불 양족존

귀의법 이욕존

귀의승 중중존

새로운 나날 언제 어디서나 함께 하시며

각기 다른 모든 중생 평등하고 자비롭게 감싸주시는

부처님이시여.

중생이 머무는 처처에

밝은 자리 어두운 자리 분별없이 몸을 나투시어

바른 법으로 이끌어주시는 부처님께

마음 속 깊은 존경의 마음을 담아 지성으로 귀의하옵니다.

사랑스럽고 마음에 드는 모든 것은

헤어지기 마련이라는 가르침을 남기신 부처님이시여.

부처님의 큰 가르침을 새기면서도
유수무정송낙화(流水無情送落花)라
망자와 인연의 다함이 아쉬워
심중(心中)에 눌러뒀던 슬픔을 다시금 꺼내놓는
어리고 무지한 불제자를 어여삐 여기시어 자비로
품어주옵소서.

부처님이시여.
무명(無明)에 사로잡혀
태어남이 있으면 죽음이 있고 만남이 있으면 떠남이 있다는
세상사 당연한 이치를 깨닫지 못했던 저는
어리석은 불제자이옵니다.

인연이 다할 수 있음을 깨닫지 못해
늘 영원할 줄 알았고 늘 영원하리라 믿으며
망자에게 받았던 귀한 사랑의 감사함을 표현하지 못했던
저의 이기심을 참회하옵니다.

다음에 생활이 조금 더 안정되면 많은 시간을 함께해야지,
조금 더 성공하면 은혜에 보답해야지라는 마음으로
미루고 또 미루기만 했던
저의 어리석음을 참회하옵니다.

저의 행복과 평안을 위해 염주를 돌리시던
망자의 깊은 진심을 너무도 늦게 깨달아
이승과 저승의 경계에서 망자의 진심을 마주하게 되는
저의 무지를 일심으로 참회하옵니다.

비추지 못하는 곳 없이
온 우주 법계를 남김없이 지혜광명으로 밝혀주시는
부처님이시여.

꿈같이 짧기만 했던 이생의 무게를 감당하느라
고생만 하셨던 망자가 가는 길목이
춥고 어두워 외롭지 않도록
망자가 내딛는 모든 걸음
부처님의 자비광명으로 밝혀 주옵소서.

혹여 망자가 가는 길에
살을 에는 모진 바람을 마주하게 된다면
따뜻한 감로수로 추위를 견디게 해주시고
아무것도 보이지 않는 깜깜한 어둠을 마주하게 된다면
진리의 가르침으로 환하게 밝혀주옵소서.

이생에서의 업식으로 나쁜 인연을 마주하게 된다면

불법으로 하나되어 모두가 성불하여 함께 나아가게 하옵시고
망자가 이생에서 미처 풀지 못한 원결이 있다면
부처님의 원력 속에 해원되게 하여 주옵소서.

바라옵건대 부처님의 원력과 보살님의 위신력으로
망자가 마주하게 될 모든 길목이
자비와 진리의 등불로 환하게 밝혀져
망자가 헤매지 않고
부처님 곁으로 나아갈 수 있도록 하여 주옵소서.

부디 이제는
망자가 오탁악세 가득한 윤회의 고통에서 벗어나
아름다운 꽃들이 가득하고 부처님의 한량없는
가르침이 가득한
행복의 나라, 장엄한 법계의 나라인
극락에서 왕생할 수 있도록 깨달음의 길로 이끌어 주소서.

또한 지심으로 제청하옵나니
이생에 남은 이 불제자 역시
오늘 이 간절한 서원과 인연법의 소중함을 잊지 않고
곳곳에 머무는 모든 인연들에게 자비의 보살도와 이타행을
실천하며

깨달음의 길로 나아갈 수 있도록 이끌어 주소서.

팔만사천 번뇌를 제도해주시는 부처님이시여.
생로병사의 고뇌로 가장 힘든 순간
백천만겁이 지나도 만나기 어려운 불법을 만나
부처님 앞에서 마음을 닦을 수 있음에 지성으로 감사하옵니다.

어렵고 어렵게 만난 불법의 인연이 헛되지 않도록
마음을 닦고 공덕을 지어
세상에 선한 영향력을 나눌 수 있는 불제자가 되기를
서원하옵니다.

부처님의 명훈가피력으로 금일 불제자의 발원공덕이
망자를 비롯한 유주무주 모든 고혼 영가들과
우주 법계 온 만물들에 회향되어 이고득락 하여지기를
발원하며
부처님께 지심으로 귀의하옵니다.

나무 석가모니불.
나무 석가모니불.
나무 시아본사 석가모니불.

방생
발원문

—

자월 오지연

시방세계 제불보살님께 지성귀의 하오며

본사석가모니부처님

서방극락세계

아미타부처님

관세음보살님

대세지보살님

청정대해중보살님

동방만월세계

약사여래부처님

일광보살님

월광보살님께

지심정례 하옵니다.

오늘 저희들이

시방제불보살님의 뜻을 받들어

많은 중생들을 방생하오니
부디 바라옵건대
이 중생들을 가호하시어
남은 생 자유롭고 안락하게 살게 하여 주시고,
명을 다 하거든 즉시 극락에 왕생하여
아미타부처님 같은
아미타부처님 되어지기를 발원 올리오니
자비로 섭수하여 주시옵소서!

시방세계 제불보살님이시여!
저희들은 이와 같이 중생들을 거두어
고통을 여의도록 하는 것이
바로 시방 모든 부처님의 진실하신 뜻임을 알고 있습니다.
부처님 뜻 받들어 행할 수 있음에 감사하고 감사합니다.

아미타부처님!
저희 불자들
지금 정토문에 귀의하여
일심으로 왕생을 발원합니다.
부디 바라옵건대
중생에 대한 자비심이 바다와 같아져서,
이 목숨이 다하는 날까지

부처님의 뜻 받들어 법다이 행하며,
보살의 할 일을 굳건히 할 수 있게 하여 주시고,
목숨이 다할 때에는
부처님을 친견하고 극락에 왕생하여
즉시 무생법인을 깨닫고 부처님께 수기받아
아미타부처님 같은
무량수 무량광 아미타부처님 되기를 발원 올리오니
부디 이 원을 성취시켜 주시옵소서!

불·법·승 삼보에 지성귀의하오며
시방세계 제불보살님의 한없는 은혜에
감사하고 감사합니다.
시방세계 제불보살님이시여!
또한 바라옵건대
이차인연 공덕으로
저와 가족들의 모든 업장과
세세생생 악업의 뿌리가 녹아져
신·구·의 삼업이 청정하여지고,
이곳 사바세계에 사는 동안
몸과 마음이 건강하고 평안하며,
재물복덕 가득하고,
선연 만나지며,

뜻하는 바 자재하게 이루고,

가정이 두루 화평하며,

호법선신들의 보호 받고,

수행성취하여

자비와 선정과 지혜에 머무르며,

불보살님들의 가피가 항상 함께 하기를 발원합니다!

시방세계 제불보살님이시여!

저는 지금

저의 일체 선근공덕과 왕생자량을

오늘 방생된 존재들에게 회향합니다.

부디 바라옵건대

이들의 모든 업장이 녹아져

영원히 삼악도를 여의며

극락왕생의 큰 자량이 되게 하여 주시옵소서!

또한

이 방생의 공덕을

저의 가족들에게 회향하오니

자비광명으로 비추어 가호하여 주시고,

저와 가족들의 일체 선대조상님, 일체 인연영가님

일체 인연원친채주선보살들에게 회향하오니

모든 원결과 집착이 녹아지고
영원히 삼악도를 여의며
모두 함께 극락에 왕생하여지고
시방세계 모든 삼악도 중생들에게 회향하오니
모든 고통이 쉬어지고
속히 무상불도 이루며
시방법계 모든 중생들에게 회향하오니
일체 중생들의 악심이 조복되고
자비와 선에 머무르며
모두 함께 무상불도 이루어지이다!

본사석가모니부처님, 아미타부처님, 약사여래부처님
시방세계 제불보살님의 한없는 은혜에
온 마음 다해 감사의 예배찬탄 올리옵니다.

부처님 감사합니다!

나무아미타불.
나무관세음보살.
나무대세지보살.
나무청정대해중보살마하살.

바라밀상

이 소중한
인연을
위하여

—

안심주 김분애

부처님 전에 삼배하옵니다.

무슨 인연으로 이 인연 맺어졌는지
이 인연 소중하게 맺어 가도록 하겠습니다.

내 부모님은 무슨 인연으로
부모 자식과의 인연을 만들었을까요?
삼천억 겁으로 만든 소중한 인연으로 만들어졌나 봅니다.
그 인연으로 지금의 내가 있습니다.
그 인연으로 나와 형제라는 인연이 만들어졌습니다.

남편과의 인연은 어떤 인연으로 만들어졌을까요?
그 인연! 소중히 여겨 심신의 맑은 마음 내겠습니다.
내게 하는 행동 하나하나!
불심으로 만들어졌기에 인내하며 살아가겠습니다.

남편 따라 만난 인연! 시어머님과의 인연입니다.
내게 복종을 강요하시는 어머니!
그 또한 내가 인내해야 할 인연임을 압니다.

삼천 겁을 지나야 만날 수 있는 인연이기에
그 인연 더욱 더 소중하게 새기겠습니다.

남편 따라 만난 인연, 자식과의 인연입니다.
내게 행복의 미소를 안겨주고, 책임감을 주는 자식!
거기서 비롯되는 근심과 걱정 또한
그 또한 내가 인내하며 가지고 가야 할 인연임을 압니다.

부처님 말씀으로 인한 불교와의 인연,
또한 너무나 소중한 인연입니다.
이 소중한 인연이 "나"라는 존재를 알게 하였습니다.
"나"라는 존재를 뒤돌아보게 하였습니다.
"나" 라는 존재를 변하게 하는 인연의 이유가 되었습니다.

이런 소중한 인연이 있기에 "나"라는 존재로 기도를 합니다.
"나"라는 존재의 주변에는 절망을 주는 누군가가 있습니다.
그것을 희망으로 바꾸는 노력을 하겠습니다.

"나"라는 존재의 주변에는 괴로움을 주는 누군가가 있습니다.
그것을 "즐거움"이라는 것으로 바꾸도록 노력하겠습니다.

"나"라는 존재에게 삿된 도를 가르치는 누군가가 있습니다.
그것을 참된 진리로 바꾸도록 노력하겠습니다.

"나"라는 존재에게 즐거움을 주는 존재가 있습니다.
그 고마운 즐거움을 옆의 도반들과 함께 나누겠습니다.

"나"라는 존재에게 참된 나를 보라고 하시는 분이 있습니다.
"참된 나"가 무엇인지 뒤돌아보겠습니다.

"나"라는 존재에게 이 뭣꼬? 라는
화두를 던지시는 분이 계십니다.
항상 내 마음 깊이 올라오는 의문점을 꼼꼼히 살피겠습니다.

"나"라는 존재에게 인생이란 어떤 것인가 묻습니다.
나 또한 인생은 파도와 같다는 생각을 합니다.
넘고 또 넘어서 가야만이 육지라는 땅에 도달합니다.
육지라는 땅에 도착해도 또 다른 일들이 기다리는 것이
"삶"인 것 같습니다.

뚜벅 뚜벅… 천천히 고난이 와도
인생을 즐기며 살아가겠습니다.
이 또한 지나가리라 생각하며 걸어가겠습니다.
인생은 꿈과 같고 번개와 같음을 압니다.
이 또한 제가 걸어가야 할 인생임을요….

나무 석가모니불.
나무 석가모니불.
나무 시아본사 석가모니불.

세세생생
모든 악업
참회발원합니다
—

박○○

거룩한 부처님께 귀의합니다.
거룩한 가르침에 귀의합니다.
거룩한 스님들께 귀의합니다.

사바세계에 오시어 위없는 깨달음 성취하시옵고 대지혜 대광명 대자비로 구제중생 길 이끌어 주시옵는 거룩하신 부처님.

일체중생 편향 차별 없이 평등이 살피사 암흑 속 죄중생까지도 간절한 마음 내어 참회의 길 이끌어 주시오니 저의 몸과 마음은 가장 낮추옵고 옥구슬 같이 다듬은 목소리 가장높이 우러러 찬탄하오며 발원합니다.

열 번 백 번 천만 번도 더 알게 모르게 살펴주신 모든 물질의 은혜가 불보살님 가피인 줄 모른 채 좋은 것에만 탐심을 일으켜 헛된 욕망에 집착해 살다 부모 형제 처자식은 물론 인연중생께 단 한 번 자비심과 감사한 마음 내지 못한 죄 참회합니다.

열 번 백 번 천만 번도 더 행복한 삶 위해 살펴주신 모든 인연의 은혜가 불보살님 가피인 줄 모른 채 싫은 것에는 화를 내었고 미움과 증오로 부모형제 처자식은 물론 인연중생들께 불행의 눈물 흘리게 한 죄 참회합니다.

열 번 백 번 천만 번도 더 보이는 것만이 전부가 아닌 위안을 주시오며 올바르게 살 길 보여 일러 가르쳐 주신 모든 은혜가 불보살님 가피인 줄 모른 채 다생의 업에 가른 무명으로 보거나 듣거나 깨닫지 못하고 부모형제 처자식은 물론 인연중생들께 끝없는 어리석음만으로 고통의 눈물 흘리게 한 죄 참회합니다.

옴 살바 못자모지 사다야 사바하.
옴 살바 못자모지 사다야 사바하.
옴 살바 못자모지 사다야 사바하.

이토록 탐욕 성냄 어리석음으로 가득 찬 마음그릇 참회의 눈물로 비우옵고 오직 지극한 정성만을 가득 채워 발원합니다.

오온이 공함을 모르옵고 영원한 삶인 줄 착각하여 스스로 고통지어 살아가고 있는 인연 있거나 없거나 일체중생들께서 하루속히 밝은 마음 내어 편안한 삶 살아갈 수 있도록 반야바라밀다심경 하루 세 번 사경하고 독경하겠습니다.

세세생생 몸 입 뜻으로 지은 악업으로 정신 육체 물질의 고통 속에 살아가고 있는 인연 있거나 없거나 일체중생들께서 하루속히 생사의 고통바다 지나 진리의 바다에 이르러 해탈을 이룰 수 있도록 참회진언 108번씩 하루 세 번 사경하고 독경하겠습니다.

지금 허락하여 주시옵는 이 자리 일분일초 이 시간이 황금보화보다 귀중한 줄 모르옵고 언제나 열악한 환경을 탓하며 편안한 자리 편안한 시간만을 구하며 방일해온 아심일념참회 기도를 초심으로 되도록 하루 속히 지혜로운 부처님 아들로 다시 태어나도록 정신차려 정진하겠습니다.

코로나19 등으로 더 깊은 인내의 시간 속에 갇힌 어둠 속 죄중생들에게도 부처님의 자비광명 드리우사 법보시 은혜 감사히 받습니다. 부처님 법 인연으로 고통으로 이겨내는 버팀목이 되고 희망이 되어 새 삶의 전환점으로 이어지도록 불교봉사대 활동 멈추지 않겠습니다.

부처님, 관세음보살님, 지장보살님, 정법을 수호하여 주시옵는 일체의 신중님이시여 부족하옵기 한량없는 이 발원도 따뜻한 품안에 안아주옵소서. 벼랑 끝에서 고통의 시간을 함께하고 있는 일체중생들께 대원력의 무량한 가피로 지켜주옵소서. 하루속히 새 힘을 얻게 살피사 다시 한 번 일으켜 세워 주시옵소서.

나무석가모니불.
나무석가모니불.
나무 시아본사 석가모니불.

신행수기·발원문 공모 안내

불자님들의 지극한 신심과 가피 이야기를 담은
신행수기·발원문 공모는 해마다
부처님오신날을 앞두고 진행됩니다.

공모 기간
매년 1월 1일부터 4월 30일까지

공모 자격
조계종 신도증을 소지한 불자님

공모 메일
sugi@beopbo.com

문의
법보신문 02)725-7014